Besser Backen

MIT VOLLWERTIGEN REZEPTEN

Besser Backen

MIT VOLLWERTIGEN REZEPTEN

KARL MÜLLER VERLAG

Konzeption: Monika Harand-Krumbach

Einbandgestaltung: Grafik Design Krön, München
Umschlagfoto: neuform-Kochstudio, Mainz

Printed in Spain

ISBN 3-86070-291-2

Inhalt

Alle Temperaturen in diesem Buch sind in Grad Celsius angegeben.

Mengenangaben können besonders bei der Verwendung von Vollkornprodukten leicht variieren, so daß die letzten Feinheiten dem Fingerspitzengefühl der Köche/Köchinnen überlassen bleiben. Gleiches gilt für das Abschmecken mit Gewürzen. Es kann nach dem persönlichen Geschmack bei den meisten Rezepten noch weniger Zucker/Honig als angegeben verwendet werden.

Wir wünschen allen Benutzern des Buches viel Spaß beim Backen und gutes Gelingen!

Einführung

Vollwertkost heute

Der Begriff „Vollwert-Kost" drückt aus, daß jede andere Ernährungsform als nicht optimal zu betrachten ist: Während der letzten Jahrzehnte hat sich in der westlichen Welt eine Eßweise herausgebildet, die unsere natürlichen Bedürfnisse kaum noch berücksichtigt.
Die Nahrung wird durch perfektionierte Produktionstechniken, chemische Zusätze und gewinnbringende Massenproduktion heute teilweise so stark verfremdet, daß die Ausgangsprodukte oft kaum noch erkennbar sind. Die Werbung suggeriert Bedürfnisse nach möglichst ausgefallenen, fremdartigen Nahrungsmitteln in grellen Farben oder ungewohnten Konsistenzen. Lebensmittel werden um des Aussehens willen ihrer nahrhaftesten Bestandteile beraubt. Das bekannteste Beispiel hierfür ist das von allen Vital- und Ballaststoffen freie weiße Auszugsmehl. Vorläufiges Resultat: Ernährungsbedingte Krankheiten nehmen jährlich zu. Das persönliche Wohlbefinden leidet durch den Mangel an Ballaststoffen, Vitaminen und Vitalstoffen.
Die Vollwertkost dagegen gibt möglichst naturbelassenen, wenig veränderten Nahrungsmitteln den Vorzug. Ein Prinzip ist, so wenig wie möglich zu erhitzen und zu kochen, die Nahrung schonend zuzubereiten.

Folgende Grundregeln lassen sich einfach beherzigen:

- Essen Sie möglichst viel frisches, nicht gekochtes Obst und Gemüse. Produkte aus biologischem Anbau – also nicht mit Insektenschutzmitteln und Kunstdünger behandelt – sollten hierbei den Vorzug haben. Jeden Tag stehen rohes Obst und Salat oder Rohkost-Gemüse auf dem Speiseplan.
- Statt weißem Auszugsmehl wird frisch gemahlenes Vollkornmehl verwendet. Getreideprodukte, frisch, gekocht und gebacken, bilden die Ernährungsgrundlage. Auch Nudeln, Kuchen etc. sollten aus Vollkornmehl hergestellt sein.
- Weißer Industriezucker wird durch andere Süßungsmittel – besonders Honig, Trockenfrüchte und eingedickten Fruchtsaft – ersetzt. Insgesamt möglichst wenig süßen!
- Das gewöhnliche Kochsalz, das Bluthochdruck und andere Zivilisationskrankheiten fördert, kann teilweise gut durch Voll- und Kräutermeersalz ersetzt werden. Pro Tag sollen alles in allem nicht mehr als 5 Gramm pro Person verbraucht werden – einschließlich der versteckten Mengen in Wurst, Käse, Gebäck etc.
- Der Fettverbrauch wird eingeschränkt. Dabei wird möglichst ungesättigten Fettsäuren, wie sie in Butter, kaltgepreßten Ölen, Nüssen und ölhaltigen Samen vorkommen, der Vorzug gegeben.
- Der Fleischkonsum wird stark eingeschränkt. Fleischprodukte aus Massentierhaltung (Hormone, „Wasserfleisch") sollten dabei nicht verarbeitet werden.
- Nicht zuletzt essen auch bei der Vollwertkost alle Sinne mit. Die Mahlzeiten werden in Ruhe und mit Bedacht eingenommen. Ausgewogen zusammengestellt und geschmackvoll angerichtet, stellt ein Vollwert-Menü jeden Feinschmecker zufrieden.

Prinzipiell ist Vollwertkost jedem zu empfehlen. Unser Körper ist von Natur aus auf Vollwertiges „programmiert“. Falls Sie sich noch nicht mit vollwertiger Ernährung befaßt haben, können Sie sich schrittweise umstellen. Die ballaststoffreiche Kost gibt dem Verdauungstrakt am Anfang mehr Arbeit als er gewöhnt ist. Deshalb bauen Sie zunächst eine einzige Beilage oder ein Vollwertgericht pro Tag in Ihren normalen Speiseplan ein. Wenn es bekommt, werden nach und nach alle Mahlzeiten vollwertig zubereitet. Bei Erkrankungen des Verdauungstrakts sollte frisches Obst allerdings weitgehend durch ebenso vitaminhaltiges Gemüse ersetzt werden.
Erhöhter Ballaststoffanteil bedeutet automatisch reduzierte Kalorienaufnahme. Vollwertkost ist also das Mittel der Wahl für alle, die überflüssige Pfunde auf natürliche Art loswerden wollen.

Verschiedene Vollwert-Brötchen

Vollwertkost und Umwelt

Wir können heute unsere Ernährung nicht ausschließlich unter dem Aspekt subjektiven Wohlbefindens auswählen. Da nur eine einigermaßen heile Umwelt auch ein wirklich „vollwertiges“ Leben ermöglicht, haben wir uns auch mit der Produktion vollwertiger Lebensmittel auseinanderzusetzen.
Daher sollten Sie Nahrungsmitteln den Vorzug geben, die im biologischen Anbau ohne umweltbelastende Kunstdünger und Pflanzenschutzmittel erzeugt werden. Obst, Gemüse und Getreide aus der näheren Umgebung sind auf jeden Fall zu bevorzugen. Exotische Zutaten, die Tausende von Kilometern weit transportiert werden, konsumieren wir nur ausnahmsweise. Solche, die unter Ausbeutung der dortigen Bevölkerung produziert werden, gehören nicht zu unserem Speiseplan.
Auch der Energieverbrauch ist zu beachten. Lebensmittel, die mit wenig Energieaufwand zubereitet werden können, sind meist gesünder und schonen die Resourcen. Beim Backen kann man gut mehrere Kuchen auf einmal backen (Kastenformen) oder mehrere hintereinander, um das jeweilige Aufheizen zu verringern. Hefeteig kann oft in den kalten Ofen geschoben werden, um auch die Wärme beim Aufheizen zu nutzen. Der Backofen kann 10 Minuten vor Ende des Backvorgangs ausgeschaltet werden.

Die Richtungen der Vollwertkost

Im Rahmen dieser kurzen Einführung kann nicht ausführlich auf die Lehren einzelner bekannter Wissenschaftler und Ärzte wie Bircher-Benner, Bruker oder Schnitzer eingegangen werden.

Vielmehr bietet sie einen Überblick über die wichtigsten Richtungen alternativer Ernährung. Sie alle sehen die Ernährung nicht isoliert, sondern ordnen sie in das ganzheitliche Gebäude einer vernünftigen Lebensweise ein. Ein ausgewogener Lebensstil mit Bewegung und frischer Luft bildet den Rahmen.

Anthroposophische Ernährungslehre: Der Begründer Rudolf Steiner legte besonderen Wert darauf, nur qualitativ hochwertigste Nahrung zu verwenden. Die Kost ist vorwiegend lacto-vegetarisch (verwendet also Milchprodukte), verzichtet jedoch nicht gänzlich auf Fleisch. Diese Ernährungsweise ist risikolos und gesund. Sie erfordert keine Spezialkenntnisse.

Makrobiotik: Der Begründer Georges Ohsawa ging von dem zen-buddhistischen Yin-Yang-Prinzip aus. Dabei werden sowohl die Menschentypen als auch Nahrungsmittel dem Yin oder dem im Gegensatz dazu stehenden Yang zugeordnet. Das Ziel der makrobiotischen Ernährung ist ein ausgewogenes Verhältnis zwischen Yin und Yang. Manche Vertreter dieser Richtung sehen eine reine Getreideernährung als Ideal. Die Kostform erfordert genaue Kenntnisse und Berechnungen, ihr gesundheitlicher Wert ist nicht wirklich erwiesen.

Vegetarische Kost: Vegetarische Ernährungsweise wird zum Beispiel in manchen Bevölkerungsgruppen Indiens traditionell praktiziert, ist also keine Erfindung der Neuzeit. Es gibt mehrere Stufen. Unterschieden wird zwischen Veganern (sämtliche tierische Produkte werden abgelehnt), Lacto-Vegetariern (Milchprodukte sind erlaubt) sowie Ovo-Lacto-Vegetariern (Eier und Milchprodukte sind erlaubt). Wenn man sich nicht genau auskennt, kann die rein vegetarische Ernährung leicht zu Mangelerscheinungen führen.

Vollwertkost: Der Begründer Prof. Werner Kollath legte Wert auf eine Ernährung, die alles liefert, was der Organismus zu seiner Entfaltung benötigt. Sie soll so natürlich wie möglich sein: Als Faustregel gilt, je geringer der Verarbeitungsgrad, desto vollwertiger das Lebensmittel. Die Kostform ist mit nicht allzuviel zusätzlichem Aufwand verbunden und vorbehaltlos zu empfehlen.

Was zu vermeiden ist

Sie brauchen sich bei der Vollwertkost nicht durch strenge Verbote verrückt zu machen. Ein „normales“ Brötchen zwischendurch braucht kein schlechtes Gewissen nach sich zu ziehen, wenn Sie sich insgesamt an die Richtlinien der Vollwertkost halten. Grundsätzlich nicht selber verarbeiten sollten Sie weißes Auszugsmehl, weißen Industriezucker und raffinierte Fette wie Margarinen und warmgepreßte Öle. Bei unserem Thema „Backen“ ist es naturgemäß schwieriger, die ungesunden Zutaten zu ersetzen, doch auch hier bieten sich genügend Alternativen an vollwertigen Produkten:

zu vermeiden	*gesündere Alternativen*
Auszugsmehl	Vollkornmehl
Weißmehlprodukte	Vollkornprodukte
Zucker	Honig, Ahornsirup, Trockenfrüchte
Kochsalz	Gewürze, Kräutermeersalz, Meersalz

Margarine	Butter, ungehärtete Pflanzenmargarine
warmgepreßte Öle	kaltgepreßte Pflanzenöle

Lebensmittelkunde

Nahrungsmittel-Bestandteile

Eine ausgewogene Ernährung muß dem Körper Eiweiß, Fette, Kohlenhydrate, Mineralstoffe, Spurenelemente, Vitamine und Wasser in der richtigen Mischung zuführen. Zusätzlich findet man in Nahrungsmitteln Ballaststoffe, Duft-, Farb- und Geschmacksstoffe.
Die in herkömmlichen Nahrungsmitteln außerdem noch vorkommenden Geschmacksverstärker, Emulgatoren, Konservierungsmittel, Säuerungsmittel und Stabilisatoren sollten bei Vollwerternährung möglichst vermieden werden. Pflanzenschutzmittel und Schwermetalle sind leider ebenfalls oft in Lebensmitteln enthalten. Falls Sie sich genauer über zugelassene Nahrungsmittel-Zusatzstoffe und Abkürzungen (wie sie auf den Lebensmittel-Packungen angegeben sind) informieren wollen, gibt eine Broschüre Auskunft: „Lebensmittel-Kennzeichnung: Die Zutatenliste, AID-Heft 1135", anzufordern bei: *AID (Auswertungs- und Informationsdienst für Ernährung, Landwirtschaft und Forsten e.V.),* Postfach 20 01 53, 5300 Bonn 2 (Porto beilegen).

Einkauf

Naturbelassene, schadstoffarme Lebensmittel sind mittlerweile überall erhältlich. Reformhäuser und Naturkostläden bieten ein umfangreiches Warenangebot. Auch Supermärkte haben manchmal „Bio"-Produkte in ihrem Angebot. Es hat sich inzwischen herumgesprochen, daß nicht alles auch wirklich empfehlenswert ist, was sich „Bio" nennt, solange der Begriff nicht geschützt ist. Sehen Sie bei solchen Produkten auf jeden Fall auf der Packung nach, ob Inhalt und Produktionsmethoden noch genauer spezifiziert sind! Manche Backzutaten wie Rohzucker und Gewürze kann man gut im Dritte-Welt-Laden kaufen. Frisches Obst und Gemüse liefern ebenfalls Reformhaus und Naturkostladen. Vielfach findet man Stände von Bio-Bauern auf den Wochenmärkten. Am günstigsten ist es, wenn Sie direkt beim Produzenten kaufen. Viele Bio-Bauern haben feste Verkaufszeiten an einem Tag pro Woche. Wenn Sie sich gleich mit einem größeren Vorrat an Getreide etc. eindecken, gibt es meist einen Rabatt. In der Stadt lohnt es sich auch, zusammen mit Bekannten eine Einkaufsgemeinschaft zu organisieren. So sparen Sie Zeit und durch die größeren Einkaufsmengen auch Geld. An Backzutaten bietet der Bio-Bauernhof besonders Getreide und Obst.
Die meisten Bio-Bauern sind einem der Verbände des ökologischen Landbaus angeschlossen. Sie befolgen die jeweiligen Richtlinien ihres Verbandes und werden durch diesen auch kontrolliert. Dadurch ist gewährleistet, daß einwandfreie Produkte an den Käufer gelangen. Nur auf Frische muß der Kunde selber achten.
Die Verbände senden Ihnen eine Liste von Einkaufsmöglichkeiten in Ihrer Nähe:

ANOG
Arbeitsgemeinschaft für naturnahen Obst-, Gemüse- und Feldfruchtanbau gemn. e.V.
Anton-Reuter-Straße 18
5400 Koblenz-Metternich

Bioland
Verband für organisch-biologischen Landbau e.V.
Barbarossastraße 14
7336 Uhingen

Demeter Bund e.V.
Wellingstraße 24
7000 Stuttgart 24

Naturland
Verband für naturgemäßen Gartenbau gemn. e. V.
Kleinhaderner Weg 1
8032 Gräfelfing

Lagerung

Achten Sie schon beim Einkauf auf möglichst geringe Abfallberge durch Verpackungsmaterial. Bringen Sie ihre Lagergefäße direkt zur Einkaufsquelle mit.
Größere Mengen Getreide lassen sich gut in Leinensäcken aufbewahren. Diese können Sie fertig

Verschiedene Getreide-, Flocken- und Mehlsorten

kaufen (Naturkostläden), einfacher aber noch aus alten Bettlaken selber nähen. Die Säcke werden in einem kühlen, aber nicht feuchten Raum aufbewahrt. Am besten prüft man den Inhalt alle ein bis zwei Wochen. Die naturbelassenen Körner sind auch für viele Schadinsekten eine Delikatesse. Daher besonders auf kleine Käfer achten! Früher legten die Bauern einige Lorbeerblätter zu ihren Getreidevorräten, um sie vor den unerwünschten Mitessern zu schützen.
Ganze Getreidekörner halten sich etwa zwei Jahre, danach werden sie ranzig und bitter. Flocken sind etwa ein halbes Jahr lagerbar, Mehl sollte man sofort verarbeiten.
Die Wochenvorräte an Getreide lassen sich übersichtlich in großen Einkochgläsern in einem Regal in der Küche aufbewahren.

Getreidearten

In der Vollwertkost verwenden wir nicht nur Roggen und Weizen, sondern viele weitere Getreidearten. Man verarbeitet fast ausschließlich das ganze Korn: Es besteht aus dem Mehlkörper, dem Keimling und einer mehrfach unterteilten Randschicht. In Randschichten und Keimling finden sich die meisten Vitamine, Mineralstoffe und auch Farbstoffe. Daher ist Vollkornmehl dunkler als Auszugsmehl. Das Mehl wird normalerweise nicht fertig gemahlen gekauft, sondern direkt vor der Verarbeitung aus ganzen Körnern selbst gemahlen. Schon wenn das Mehl nur wenige Stunden an der Luft steht, setzen Zersetzungsprozesse ein, die wertvolle Inhaltsstoffe zerstören. Der gesundheitliche Wert sinkt. Teilweise verwenden wir beim Backen auch ganze, eingeweichte oder einige Tage vorgekeimte Getreidekörner – besonders für Vollkornbrot.

Frisch geerntetes Getreide eignet sich noch nicht zum Mahlen, da es zu feucht ist. Es sollte erst einige Wochen bei Zimmertemperatur trocknen.

Weizen: Der Weizen ist heute das am meisten verarbeitete Getreide. Fast alles süße Gebäck, aber auch Brote werden großenteils aus Weizen hergestellt. Früher galt er wegen seiner hellen Farbe als besonders wertvoll und wurde nur in wohlhabenden Haushalten verwendet. Der Weizen hat einen besonders hohen Anteil an Klebereiweiß und damit die beste Backfähigkeit. Hefeteig wird fast immer aus Weizen zubereitet.

Dinkel: Dieses Getreide, auch „Spelz“ genannt, ist dem Weizen sehr ähnlich, hat aber noch bessere Backeigenschaften. Er ist relativ teuer und wird nur für sehr feines Gebäck verwendet. Dinkel enthält besonders viel Eiweiß, das Gebäck bleibt lange frisch. Dinkel kommt übrigens hauptsächlich aus Südwestdeutschland. Viele Ortsnamen erinnern dort noch an die ehemaligen Anbaugebiete.

Grünkern: Der Begriff bezeichnet nicht eine eigene Getreideart, sondern ein spezielles Behandlungsverfahren. Grünkern entsteht aus Dinkelkörnern. Diese werden unreif, noch grün, geerntet und milde geröstet. Dadurch bekommen sie ein besonderes Aroma. Grünkern ist also kein lebendes, keimfähiges Getreide mehr. Er wird hauptsächlich als geschmacksintensivierende Zutat mit verarbeitet. Er paßt besonders gut in salziges Gebäck.

Roggen: Roggen war in unseren Breiten lange vor dem Weizen das wichtigste Brotgetreide. Die

Getreideähren

Körner sind dünner als die des Weizens und grünlich-dunkel. Auch der Roggen enthält viel Klebereiweiß. Es quillt allerdings erst mit Hilfe von Säure gut auf. Daher gelingen Roggenbrote nur mit Sauerteig richtig.

Hafer: Das anspruchslose Getreide mit den locker in Rispen zusammenhängenden Körnern gedeiht auch im mitteleuropäischen Klima mit kühlen und feuchten Perioden gut. In Form von Getreidebrei war es ein Grundnahrungsmittel unserer Vorfahren. Hafer enthält wenig Kleber. Er muß daher zum Backen mit anderen Getreidearten vermischt werden. Nur Gebäck ohne Treibmittel (zum Beispiel die mürben schottischen Oatcakes) besteht ganz aus Hafermehl. Sehr gut eignen sich Haferflocken als Backzutat.

Gerste: Das kälteunempfindliche Getreide war früher in Mitteleuropa sehr verbreitet. Es wächst selbst in Skandinavien. Auch Gerste enthält zu wenig Kleber, um daraus Brote oder Hefeteig herzustellen. Sie wird in kleineren Anteilen zu Mehrkornbrot und anderem Gebäck gemischt.

Hirse: Früher wurden einige Hirsesorten auch in Europa angebaut, heute kommt sie hauptsächlich aus Afrika und Asien. Hirse ist besonders gesund wegen ihres hohen Kieselsäuregehalts. Das Getreide wird meist mit anderen Sorten vermischt. Die ganzen Körner schmecken gut in Mehrkornbrot, das Mehl in Kuchenteigen und Mürbeteig. Das Gebäck wird knusprig und mürbe.

Mais: Die großen, harten Körner lassen sich mit den meisten Haushalts-Getreidemühlen nicht mahlen. Daher greifen wir ausnahmsweise auf

Eine Getreidemühle gehört zur Grundausstattung eines jeden Vollwert-Bäckers

gekauftes Mehl (Reformhaus) zurück. Zum Backen eignet sich das puderfeine gelbe Mehl. Die gröberen Varianten sind eher zum Kochen gedacht. Maismehl sollte mit anderen Mehlen vermischt werden. Es macht Gebäck mürbe.

Reis: Dieses Getreide kennen wir hauptsächlich in gekochter Form. Reismehl wird nur für wenige Spezialitäten zum Backen verwendet, und auch nur mit anderen Mehlen gemischt.

Buchweizen: Der Begriff „Weizen" ist irreführend, denn botanisch gehört der Buchweizen nicht wie die echten Getreide zu den Gräsern, sondern zu den Knöterichgewächsen. Er wird heute vorwiegend in Norddeutschland und Österreich angebaut. Die kleinen, relativ spröden eckigen Körner lassen sich leicht vermahlen und ergeben ein besonderes, nußartiges Aroma. Buchweizen wird mit anderen Getreidearten gemischt verwendet.

Quinoa: Die erst seit wenigen Jahren bei uns erhältliche Getreideart stammt aus Lateinamerika, hauptsächlich aus Bolivien. Sie war schon ein Grundnahrungsmittel der Inkas und zeichnet sich durch ihre Bekömmlichkeit und ihren Gehalt an Lysin aus, das tierisches Eiweiß fast vollständig ersetzen kann. Quinoa kann zu anderen Mehlen gemischt werden.

Emmer und Einkorn: Manche Biobauern experimentieren mit diesen Ur-Getreidearten, aus denen teilweise heutige Sorten gezüchtet wurden. Beim Backen im Alltag spielen sie im Moment noch keine Rolle.

Getreideflocken: Weiterhin werden beim Backen leicht verdauliche Getreideflocken (Buchweizen, Hafer, Gerste) in unterschiedlicher Feinheit verwendet. Sie können fertig gekauft oder mit einer Müsli-Quetsche selber aus ganzen Getreidekörnern gepreßt werden.

Backoblaten: Klebrige Teige werden oft auf Backoblaten gebacken, damit sie nicht am Blech ankleben. Auch Oblaten werden mittlerweile aus Vollkornmehl angeboten.

Getreidemühlen

Wenn Sie sich entschlossen haben, vollwertig zu kochen, ist eine Getreidemühle unerläßlich.

Ein paarmal kann man sich das Getreide im Naturkostladen oder Reformhaus mahlen lassen. Bald aber will man mit Mehl in allen Feinheitsgraden experimentieren und sich größere Getreidevorräte zulegen. Eine Getreidemühle ist wohl eine der teuersten Anschaffungen im Haushalt, lohnt sich aber auf jeden Fall – auch wenn Sie nicht jeden Tag backen wollen. Gemahlenes Getreide wird zu Müsli, Bratlingen, Getreidebrei und -suppen ebenso verarbeitet wie zu Gebäck. Ihr Speisezettel wird dadurch um eine ganze Dimension bereichert.

Für gelegentliche Experimente gibt es handbetriebene Getreidemühlen, die ähnlich wie Kaffeemühlen funktionieren. Das Mahlen ist allerdings ziemlich anstrengend.
Mahlaufsätze für bereits vorhandene elektrische Küchenmaschinen bieten etliche Hersteller an. Die Aufsätze sind unterschiedlich belastbar und können für einen kleinen Haushalt durchaus aus-

reichen. Am schönsten ist es, eine elektrische Getreidemühle mit der entsprechenden Leistung zur Hand zu haben. Sie werden – meist im Holzgehäuse – mit diversen Mahlwerken angeboten: aus Naturstein, Gußstein, mit Keramik oder Stahlkegel. Naturstein eignet sich im Gegensatz zum Metall nur für Getreide, nicht aber für ölhaltige Backzutaten wie Sesam oder Leinsamen. Sehr hartes Mahlgut wie Maiskörner bewältigen nur größere Mühlen.

Die Qualität des Mehls kann je nach Mühle sehr unterschiedlich ausfallen: Nicht alle Mühlen mahlen wirklich sehr fein.

Kauf einer Getreidemühle

Beim Kauf einer Getreidemühle sind folgende Punkte zu bedenken:

1. Wie oft verarbeiten Sie Mehl? Kleinere Mühlen schaffen etwa 50 Gramm Getreide pro Minute, die größten etwa 200 Gramm.

2. Manche Mühlen sind ziemlich laut.

3. Die Mühle sollte von mehlfein bis ganz grob (Schrot) möglichst stufenlos einstellbar sein. Je feiner die Mühle mahlen kann, desto besser gelingen manche Gebäcksorten. Am besten lassen Sie sich beim Kauf eine Mahlprobe zeigen.

4. Ist die Mühle stabil und wartungsfreundlich verarbeitet? Wie sieht das Gehäuse aus? Ist es stabil und mit gesundheitlich unbedenklichen Stoffen behandelt (Bienenwachs, Hartöl, möglichst kein Lack)? Ist der Motor leicht zugänglich? Läßt sich die Mühle zum Mahlstein hin ohne großen Aufwand aufschrauben?

5. Gibt es zur Mühle eine Garantie und einen Reparaturservice?

6. Ist die Mühle bedienungsfreundlich? Einfache Handhabung der Mahleinstellung, genügend großer Einfüll- und Mehlauffangbereich, leicht zu reinigen?

Bezugsquellen sind Reformhaus, Naturkostläden, Haushaltsgeschäfte, in großen Städten auch eigene Mühlengeschäfte. Wenn Sie auf eine der bekannten Marken zurückgreifen und auf solide Verarbeitung achten, haben Sie meist viele Jahre lang Freude an der Anschaffung. Auch kleine Handwerksbetriebe fertigen manchmal auf Bestellung ausgezeichnete Mühlen.

Getreide mahlen

Getreide wird immer erst direkt vor der Weiterverarbeitung gemahlen. So bleiben alle wertvollen Inhaltsstoffe erhalten. Zunächst werden die Getreidekörner abgewogen und gereinigt. Meist findet man einige Unkrautsamen und besonders Spelzen. Alle Körner in Spelzen müssen unbedingt vor dem Mahlen entfernt werden, da sonst mit der Zeit das Mahlwerk verklebt.
Sehr selten ist das Getreide – besonders Roggen – auch durch Mutterkorn verunreinigt. Die auffälligen, großen schwarzen Körner entstehen durch eine Getreidekrankheit und sind giftig. Sie müssen auf jeden Fall vor dem Mahlen aussortiert werden.
Die meisten Mühlen werden angestellt und müssen laufen, bevor Sie das Getreide einfüllen.

Verschiedene Honigsorten, wenig gesüßte Konfitüren, Rohrzucker

Stellen Sie den Regler auf die gewünschte Feinstufe und kippen Sie die entsprechende Menge Getreide hinein. Wenn Gewürze mitgemahlen werden sollen, kommen sie gleich am Anfang mit dazu. Sehr frisches Getreide ist noch feucht und verklebt das Mahlwerk. Es sollte vor der Verarbeitung etwas lagern.
Der Motor sollte nicht heiß laufen. Bei normalen Haushaltsgetreidemühlen empfiehlt es sich daher, nach einem Kilo Getreide eine Pause zu machen, damit der Motor abkühlen kann. Er darf so warm werden, daß man ihn gerade noch anfassen kann. Reinigen Sie mit einem trockenen Backpinsel auch alle paar Tage einmal das Mahlwerk – soweit von unten ohne Aufschrauben erreichbar – und den Innenraum von Mehlresten.

Süßstoffe

Obwohl die Vollwertkost mit möglichst wenig Süßem auskommen will, gehört es beim Backen fast immer dazu. Wir bemühen uns dennoch, die Süße als Genußmittel äußerst sparsam einzusetzen. Kuchen und süßes Gebäck sollten keinesfalls täglich auf dem Speisezettel stehen, sondern immer etwas Besonderes bleiben. Industriezucker – weißen und braunen – verwenden wir überhaupt nicht.

Zuckerrohrgranulat: Granulat oder Vollrohrzucker, auch unter dem Namen „Ursüße" im Handel, ist getrockneter Saft des Zuckerrohrs. Das ganze Aroma, Vitamine, Mineralstoffe und Spurenelemente bleiben weitgehend erhalten. Vollrohrzucker ist sehr fein zerrieben, neigt aber in der Packung zum Klumpen. Er sollte zur Verarbeitung möglichst in einer Flüssigkeit angerührt oder zusammen mit dem Ei kräftig verschlagen oder im Küchenmixer zerkleinert werden. Durch seinen aromatischen Geschmack kann er in etwas kleineren Mengen als normaler Zucker eingesetzt werden.

Melasse: Die braune klebrige Masse wird ebenfalls aus nicht raffiniertem Zucker hergestellt. Sie entsteht durch Kristallisation und Ausschleudern des eingedickten Rohrzuckersaftes. Dadurch erhält sie ihren würzigen Geschmack. Sie gibt Gebäck eine dunkle Farbe. Auch Melasse sollte nur sparsam eingesetzt werden.

Honig: Der köstliche Süßstoff besteht größtenteils aus Trauben- und Fruchtzucker, enthält aber auch Mineralien, Vitamine und Spurenelemente, daneben bis zu 20 Prozent Wasser. Anders als weißer Zucker ist er kein reines Genußmittel, sondern wirkt positiv auf den Stoffwechsel ein – er regt Herz und Nerven an und hat auch antiseptische Wirkung. Teilweise werden die Wirkstoffe durch Hitzeeinwirkung zerstört. Deshalb sollte man nur naturreinen, kaltgeschleuderten und nicht überhitzten Honig kaufen. Beim Backen geht leider zwangsläufig ein Teil der Wirkstoffe verloren. Honig gibt es in den unterschiedlichsten Geschmacksrichtungen. Ist er auskristallisiert und fest geworden, kann er im Wasserbad bei etwa 30 Grad wieder verflüssigt werden. Besonders in der Weihnachtsbäckerei ist er unentbehrlich.

Ahornsirup: Der dunkle Sirup wird aus dem eingekochten Saft von Ahornbäumen gewonnen. Er kommt aus Nordamerika und Kanada. Er ist vergleichsweise teuer, hat aber einen ausgeprägten Eigengeschmack und braucht nur sparsam verwendet zu werden. Er enthält etwa 67 Prozent Zucker.

Zuckerrübensirup: Auch Zuckerrübensirup oder Rübenkraut wird manchmal beim Backen verwendet. Es enthält etwa 62 Prozent Zucker und besonders viel Eisen.

Apfel- und Birnendicksaft: Beides sind natürliche Süßungsmittel, die ohne Zuckerzusatz hergestellt werden. Der frische Saft der Früchte wird immer weiter eingedickt, so daß er nur die fruchteigenen Zuckerarten und Mineralstoffe der reifen Früchte enthält. Besonders Obsttorten und Quarktorten gibt er ein fruchtiges Aroma. 2 Teelöffel Dicksaft süßen so stark wie ein Teelöffel Zucker.

Trockenfrüchte: Viele Gebäckarten kommen ganz ohne zusätzlichen Zucker aus, wenn sie Rosinen, Zitronat, Orangeat, getrocknete Zwetschgen, Feigen, Datteln, Äpfel, Birnen, Aprikosen, Pfirsiche, Bananen enthalten. Durch das Trocknen wird den Früchten Wasser und damit Masse entzogen, sie schmecken süß und intensiv. Verwenden Sie nur ungeschwefelte, nicht zusätzlich

Das konzentrierte Aroma von Nüssen und Trockenfrüchten gibt dem Gebäck Geschmack

konservierte Trockenfrüchte, auch wenn sie etwas dunkler werden als die geschwefelten. Wer einen eigenen Garten besitzt, kann auf einem Gitter in der Sonne oder im Backofen (40 bis 50 Grad) leicht selber Obst trocknen. Es eignen sich Apfel- und Birnenspalten, entkernte Zwetschgen und sogar Süßkirschen.

Milchprodukte und Eier

Beim Backen finden praktisch alle Milchprodukte Verwendung: Milch und Buttermilch in Hefe- und Rührteigen, Quark, Joghurt, Kefir und Sahne als Tortenfüllung. Beim Joghurt wird das milde „Bioghurt" bevorzugt. Es enthält den körpereigenen Stoffen ähnliche rechtsdrehende Milchsäure und ist dadurch besser verdaulich als normales Joghurt. Alle diese Produkte sind naturbelassen ebenso wie Eier in Reformhäusern, Naturkostläden und beim Biobauern erhältlich. Hier besonders gut auf das Verfallsdatum achten! Eier von freilaufenden Hühnern werden oft auch auf dem Wochenmarkt und in normalen Supermärkten verkauft. Frische Eier haben festes, beim Aufschlagen geleeartiges Eiweiß, bei alten ist das Eiweiß flüssig.

Fette und Öle

Butter: Der Streit, ob man besser Butter oder Margarine verwenden sollte, ist immer noch nicht entschieden. Beim Backen jedenfalls erzielt man durch Butter ein unvergleichliches Aroma. In Blätterteigen und bei Mürbegebäck ist sie unersetzlich.

Margarine: In Rührteigen läßt sich eine gute Pflanzenmargarine verwenden. Die Reformmargarinen werden besonders schonend hergestellt und mit hochungesättigten Fettsäuren angereichert. Sie sind frei von gehärteten Fetten (die sich im Körper anlagern, ohne daß er sie richtig verarbeiten kann).

Pflanzenöle: Ebenfalls reich an ungesättigten und mehrfach ungesättigten Fettsäuren sind kaltgeschlagene Pflanzenöle. Zum Backen eignet sich am besten das geschmacksneutrale Sonnenblumenöl, aber auch Sesam-, Distel-, Soja- und Olivenöl. Sie können es allerdings nicht immer ersatzweise statt Butter oder Margarine verwenden. In Strudel- und Quark-Öl-Teigen ersetzt es andere Fette.

Kokosfett: Kokosfett ist in gepreßten Platten erhältlich und neben Öl zum Ausbacken geeignet.

Nüsse: Die gesundeste Art, sich mit Fetten zu versorgen, sind naturbelassene ölhaltige Samen und Früchte. Hier ist das Fett in keiner Weise umgewandelt und kann vom Körper direkt verarbeitet werden. Die bekanntesten Ölfrüchte sind Nüsse. Sie können ganz, grob gehackt oder fein gerieben (immer direkt vor der Verwendung) verarbeitet werden. Haselnüsse röstet man in einer trockenen Pfanne oder auf dem trockenen Backblech manchmal an. Das erhöht ihren Geschmack. Weiter stehen Walnüsse, Mandeln, Pistazien, Pinienkerne, Cashewnüsse, Paranüsse (nur in kleinen Mengen verwenden, da sie manchmal Radium aus ihrer Umgebung aufnehmen können!) Pecannüsse und Kokosnüsse in Form von Kokosraspeln zur Verfügung. Bei Mandeln gibt es zwei Arten: Die kleineren, härteren europäischen sind aromatischer als die großen, regelmäßigen Kerne aus Kalifornien. Edelkastanien werden in pürierter Form für manche Torten-Spezialitäten verwendet. Füllungen werden durch Nuß- und Mandelmus (Reformhaus, Naturkostladen) verfeinert.

Weitere Ölfrüchte: Ölhaltige Samen sind Erdnüsse, Sesam, Sonnenblumenkerne, Kürbiskerne, Leinsamen und Mohn. Sie alle passen sowohl zu salzigem als auch zu süßem Gebäck. Sie können in den Teig eingerührt werden oder als Belag/Garnierung dienen.

Obst

Beim Backen verwenden wir praktisch alle Arten von einheimischem und exotischem Obst, möglichst weder gespritzt noch künstlich gedüngt noch gewachst. Nutzen Sie jeweils die Sonderangebote der Saison für heimische Freilandware.

Die alten, traditionell zu bestimmten Regionen gehörenden Sorten haben meist ein besseres Aroma als die Allerweltssorten. Äpfel und Birnen kann man in größeren Mengen direkt beim Bauern kaufen und einlagern. Beerensträucher und Erdbeeren können Sie schon in einem winzigen Garten selber ziehen.

Obst wird zum Backen frisch, gekocht und mit Bindemittel gebunden, eingekocht, getrocknet und in Form von Gelees und Marmeladen, Fruchtmark und Fruchtsäften benötigt. Marmeladen mit geringerem Zuckergehalt bieten mehrere Hersteller an. Sie können aber auch Ihren eigenen Vorrat verwenden, wenn er mit Agar Agar oder zuckerarmen Geliermischungen eingedickt oder aus rohen Früchten gerührt ist. Der Phantasie sind hier keine Grenzen gesetzt.

Saisonkalender für heimische Freilandware:

Äpfel	Juli – Oktober
Aprikosen	Juni – September
Birnen	Juli – Oktober
Brombeeren	Juli – Oktober

Nüsse und Samenkerne

Erdbeeren	Mai – Juli
Himbeeren	Mai – August
Johannisbeeren	Mai – August
Kirschen	Mai – Juli
Pfirsiche	Juli – September
Quitten	Oktober – November
Renekloden	Juli – August
Stachelbeeren	Juni – August
Weintrauben	September – November
Zwetschgen	Juli – Oktober

Vergessen Sie auch nicht die oft intensiv schmeckenden süßen Wildfrüchte, die man an sauberen Stellen im Wald und am Waldrand findet: Blaubeeren, Preiselbeeren, wilde Himbeeren und Brombeeren und zu Mus verarbeitete Hagebutten und Sanddorn sind eine exzellente Ergänzung zu Vollkorngetreide, Nüssen und Milchprodukten.

Gewürze

Vanille: Wichtigstes Gewürz bei süßem Gebäck ist die Vanille. Vanilleschoten sind die getrockneten Früchte einer bestimmten Orchideenart. Zum Aromatisieren ist Vanillezucker mit echter Vanille erhältlich. Für gekochte Süßspeisen und Füllungen können die ganzen, aufgeschnittenen Vanilleschoten mitgekocht und später aus der Masse entfernt werden. Weiter gibt es Vanillepulver – getrocknete, feinst zerriebene Vanilleschoten, die sich zum Backen sehr gut eignen. Vanillezucker können Sie selber herstellen, wenn Sie zwei aufgeschnittene Schoten in einem kleinen Schraubglas mit Zuckerrohrgranulat mehrere Wochen ziehen lassen. Eine Vanilleessenz zum Würzen von Gebäck entsteht, wenn Sie die Schoten in etwas Cognac oder Rum ziehen lassen.

Zitrusfrüchte: Zitronensaft, geriebene Orangen- und Zitronenschale geben süßem Gebäck ein frisches, unwiderstehliches Aroma. Zitronen- und Orangenschale sind auch getrocknet und pulverfein vermahlen erhältlich. Wenn Sie einmal die Schalen von ungespritzten und unbehandelten Orangen oder Zitronen übrig haben, können Sie sie mehrere Wochen konservieren. Reiben Sie dazu die Schalen fein ab und verrühren Sie die Späne mit etwas Rohzucker oder Honig in einem kleinen Schraubglas.

Bittermandeln: Die Mandelart wird in kleinen Mengen (1–2 Mandeln pro Rezept) als besonderes Aroma zugefügt. Die ganzen Mandeln kann man auf einer Muskatreibe fein zerkleinern.

Alkohol: Rum, Cognac, Kirschwasser etc. werden in kleinen Mengen zum Aromatisieren bestimmter Gebäcksorten und Füllungen verwendet. Rotwein macht Rührteige saftig und läßt sie besser aufgehen.

Rosen- und Orangenblütenwasser: Die aromatischen Essenzen werden in erster Linie bei der Marzipanherstellung und für exotische Plätzchen benötigt. Sie erhalten Sie auch in Apotheken und Drogerien.

Kakao und Schokolade: Kakaopulver gehört traditionsgemäß in viele Kuchen, ebenso Schokolade. Das Pulver wird aus den zerkleinerten Bohnen der Kakaofrüchte gewonnen. Sie werden einige Tage einem Gärungsprozeß ausgesetzt, der chemische Veränderungen bewirkt. Die fermentierten Bohnen trocknen an der Sonne, werden geröstet und gemahlen. Dann preßt man das Fett (Kakaobutter) ab, zerkleinert und mahlt sie. Mitt-

Vollwert-Stilleben

lerweile ist Schokolade mit Vollrohrzucker oder Honig gesüßt in Reformhaus und Naturkostladen erhältlich.
Ersatzweise lassen sich Carob-Produkte verwenden, die aus den Früchten des Johannisbrotbaumes hergestellt werden.
Weitere Kuchengewürze: Traditionell wird auch Zimtpulver aus der gemahlenen Rinde des Zimtbaumes zum Würzen von Süßspeisen und Kuchen verwendet.
Gemahlener Ingwer und kandierte Ingwerknollen, Koriander, Kardamom, Muskatnuß und Piment finden ebenfalls Verwendung – besonders in der Weihnachtsbäckerei. Der früher sprichwörtlich zum Kuchen gehörende Safran gibt eher Farbe als zusätzlichen Geschmack.

Auch ein Hauch von gemahlenem Pfeffer verleiht Gewürzkuchen und süßen Füllungen eine besondere Note.

Brotgewürze: Seit Urzeiten gehören Fenchel, Anis, Kümmel, Schwarzkümmel oder Koriander ins Brot. Sie machen das Gebäck nicht nur aromatischer, sondern auch leichter verdaulich. Sie können die Körner ganz zum Teig kneten, im Mörser zerstoßen oder mit dem Getreide mahlen, ganz nach Geschmack.

Kräuter: Pikantes Gebäck läßt sich weiterhin durch alle Arten von frischen Kräutern, (Thymian, Origano, etc.), geriebene Zwiebeln, Knoblauch und eventuell frische Wildkräuter verfeinern. Je mehr dieser Gewürze Sie verwenden, desto weniger Salz benötigt der Teig.

Salz: Salz gibt dem Brot nicht nur Geschmack, es macht den Teig auch geschmeidig und locker. Übermäßiger Salzverbrauch ist bekanntermaßen ungesund (Bluthochdruck, Nierenreizungen). Ersetzen Sie einen Teil des Salzes durch Kräuter und Gewürze. Vollmeersalz und Kräutermeersalz werden immer sparsam verwendet.

Backtreibmittel

Wasser und Mineralwasser: Durch die entstehende Hitze beim Backen verdunstet Flüssigkeit im Teig, er wird dadurch lockerer. Wasser allein reicht allerdings meist nicht aus, um gut verdauliches Gebäck zu erreichen.

Hefe: Die Hefepilze, die dem Teig zugefügt werden, vermehren sich und wandeln die im Getreide vorhandene Stärke in Zucker um. Bei Wärme spalten sie den Zucker in Alkohol und Kohlendioxyd. Diese beiden Stoffe lockern während des Backprozesses den Teig.

Sauerteig: Ähnlich wirkt der Sauerteig, der ebenfalls Hefepilze und Milchsäurebakterien enthält, auf den Teig ein. Er braucht etliche Stunden, um sich richtig zu entfalten, und wird nur beim Brotbacken eingesetzt. Das Gebäck behält einen leicht säuerlichen Geschmack und ist lange haltbar. Fertigen Sauerteig kauft man beim Bäcker oder im Reformhaus. Sie können nach dem Rezept auf Seite 33 Ihren eigenen Sauerteig herstellen.

Backferment: Das Granulat wird aus Honig und Getreide hergestellt. Es ergibt ähnliche Brote wie Sauerteig, ist aber einfacher und zeitsparender zu verwenden. Backferment und Backferment-Grundansatz bekommt man im Naturkostladen und im Reformhaus.

Backpulver: Das weiße Pulver (chemisch gesehen Natron plus einem Säureträger), lockert hauptsächlich Rührteige für Kuchen. Weinsteinbackpulver aus dem Reformhaus enthält natürliche Weinsäure.

Pottasche, Natron, Hirschhornsalz: Hirschhornsalz (früher aus Geweihen gewonnen) und Pottasche (aus Pflanzenasche) werden heute chemisch hergestellt. Sie werden für Lebkuchen und Honiggebäck benötigt. Pottasche löst man immer zuerst in Flüssigkeit, bevor sie zum Teig kommt, ebenso Haushaltsnatron.

Bindemittel

Zur Verdickung von Tortenfüllungen eignen sich Speisestärke (aus Mais oder Kartoffeln), Pfeilwurzelmehl und Biobin (für mitgebackene Füllungen und Cremes oder roh eingerührt) sowie Agar Agar für frische Tortenbeläge mit Milchprodukten oder zur Eindickung von Obstmasse. Agar Agar wird immer mit etwas Flüssigkeit kurz aufgekocht und erst dann unter die Masse gerührt. Man kann damit auch Tortengüsse herstellen.

Teigarten

Sauerteig: Schwere Teige aus Roggen oder Getreidemischungen können mit Hefe alleine nicht genügend gelockert werden. Ihnen werden durch den beigegebenen Sauerteig Milchsäurebakterien und wilde Hefepilze zugeführt. Die meisten Brote und manche Brötchen-Spezialitäten werden mit Sauerteig zubereitet. Sie halten sich viel länger frisch als Hefegebäck und entwickeln manchmal erst nach einer Ruhezeit ihr volles Aroma. Einen ganz ähnlichen Effekt erzielen Brote mit Backferment. Sauerteigbrote machen einige Arbeit, da sie lange ruhen und mehrmals geknetet werden müssen.

Hefeteig: Die Hefepilze, die wir in Form von Preßhefe oder Trockenhefe kaufen, benötigen Flüssigkeit und Luft, damit sie optimal arbeiten können. Sie wandeln mit Hilfe von Enzymen die im Getreide vorkommende Stärke in Zucker um. Durch Wärme (etwa 30 Grad) und Kneten des Teiges wird dieser Vorgang beschleunigt. Obwohl Hefeteige weitaus weniger arbeitsintensiv als Sauerteige sind, muß man bei der Zubereitung doch etwas Geduld haben. Der Teig muß zwei- bis dreimal gehen und mit der Hand oder dem Knethaken sehr gut durchgearbeitet werden. Erst wenn er seine Konsistenz verändert und eine glatte Oberfläche bekommt, war es ausreichend.
Hefeteige werden aus Weizenmehl geknetet, das man bis zu einem Drittel durch andere Getreidearten ersetzen kann. Für Semmeln und Weizenbrot wird das Mehl mittelfein geschrotet, für feines Hefegebäck wird es ganz fein gemahlen und ausgesiebt (die ausgesiebte Kleie fürs Müsli verwenden). Hefegebäck schmeckt frisch am besten. Semmeln vom Vortag können Sie im Backofen bei 100 Grad 10 Minuten lang aufbacken.

Vollkornbrot und -brötchen

Rührteig: Schnelle Blechkuchen oder Kastenkuchen bäckt man aus Rührteigen. Hier werden alle Zutaten auf Zimmertemperatur erwärmt und in einer großen Schüssel zusammengerührt, bis eine einheitliche Masse entstanden ist. Sie können fließend oder breiartig sein. Zunächst wird immer das Fett schaumig gerührt. Dann kommen Zucker, anschließend Eier und Gewürze hinzu. Mehl und Backpulver werden erst zum Schluß zügig untergerührt. Besonders feine Rührteige erhält man, wenn man das Eiweiß steif geschlagen als letztes unterhebt.

Biskuitteig: Gebäck aus Biskuitteig ist besonders locker und luftig. Er enthält viel Ei und wenig Mehl. Um befriedigende Ergebnisse zu erzielen, muß das Vollkornmehl so fein wie möglich gemahlen und gründlich ausgesiebt sein. Mit Biskuit werden hauptsächlich Torten hergestellt. Der Teig kann mit Nüssen, Zitrone etc. aromatisiert werden. Die Eigelbmasse muß sehr ausführlich geschlagen werden, bevor die restlichen Zutaten dazukommen. Ganz zum Schluß hebt man die steif geschlagenen Eiweiß unter und füllt die Masse in eine mit gefettetem Pergamentpapier ausgelegte Kuchenform. Während des Backens darf auf keinen Fall der Ofen geöffnet werden, sonst fällt der Teig zusammen und wird hart.

Mürbeteig: Der knusprige Teig eignet sich als Tortenboden – auch für salzige Beläge – und für Kleingebäck. Mürbegebäck hält sich in Blechdosen lange frisch und kann auf Vorrat gebacken werden. Seine Hauptbestandteile sind Fett (meist Butter) und Mehl.

Weitere Teigarten: Manche traditionellen Backverfahren eignen sich für Vollkornmehl nur bedingt, da die Teige manchmal schwer oder bröselig werden. Dazu gehören Blätterteig, Strudelteig, Brandteig und Fettgebackenes. Wenn Sie fein ausgesiebtes Mehl verwenden und besonders sorgfältig vorgehen, lassen sich aber auch hier interessante kulinarische Spezialitäten zaubern. Die genauen Anleitungen in den Rezepten beschreiben das Vorgehen. Bei speziellen Backverfahren wie Waffel- oder Röllcheneisen ergeben vollwertige Zutaten ausgesprochen aromatisches Gebäck.

Abwandeln von „normalen" Rezepten: Auch Ihre gewohnten Backrezepte können Sie teilweise vollwertig abwandeln, indem Sie etwa 5–10 Prozent mehr Fett/Flüssigkeit verwenden. Die Methode funktioniert allerdings nicht bei sehr feinem Gebäck.

Einfrieren und Aufbewahren von Gebäck

Teige:
Roher Hefeteig läßt sich ausgesprochen gut einfrieren. Allerdings sollte man dann bei der Zubereitung etwas mehr Hefe verarbeiten als im Rezept angegeben und den Teig höchstens einige Wochen in der Tiefkühltruhe lagern. Vor dem Einfrieren soll der Teig nicht gehen. Nach dem Auftauen wird er wie gewöhnlich verarbeitet (zweimaliges Gehen).
Pizza kann roh, aber schon belegt, eingefroren werden. Sie wird unaufgetaut im Backofen bei 200 Grad 20 bis 30 Minuten gebacken.
Ebenfalls sehr gut lassen sich Blätterteig, Mürbeteig und Rührteig einfrieren. Sie werden nach dem Auftauen ganz normal weiterverarbeitet. Die Lagerungszeit soll 2 bis 3 Monate, bei Blätterteig bis zu 6 Monate nicht überschreiten.

Vollkornprodukte ▷

Gebäck:
Frisch eingefrorene Brötchen halten etwa eine Woche in der Tiefkühltruhe. Sie können nach dem Auftauen kurz im Ofen aufgebacken werden (10 Minuten bei 100 Grad). Brot läßt sich etwa drei Monate lagern.
Fettgebackenes, Blätterteiggebäck und Hefeteilchen können ebenfalls einige Wochen lang eingefroren werden, Rührkuchen, Mürbegebäck und Biskuitboden mit oder ohne Füllung drei Monate. Torten aus Rührteig, mit Sahne- oder Sahnequarkfüllung werden portioniert und einzeln auf einem Tablett vorgefroren. Nicht zum Einfrieren eignen sich Torten mit Baiser- und Makronenmassen sowie Quarkkuchen und manche Cremefüllungen (sie werden wässerig).
Trockenes Gebäck (Mürbeteig, Kekse, Blätterteig) hält sich in Blechdosen einige Tage oder sogar Wochen frisch. Rührkuchen lagert man seit Großmutters Zeiten gut in einem fest schließenden Kochtopf mit Deckel, und Torten gehören unter einer Tortenhaube in den Kühlschrank oder kühlen Keller.

Hilfsmittel und Arbeitsgeräte

Alufolie: Wird manchmal benötigt, um das Gebäck im Ofen oben abzudecken, damit es nicht zu dunkel wird. Jedes Stück kann dazu mehrmals verwendet werden.

Arbeitsplatte: Meist reichen die Arbeitsflächen von Tisch oder Einbauküche aus. Für Knet- oder Blätterteig sind die schweren Arbeitsplatten aus Marmor ideal.

Ausstechformen: Die unterschiedlichsten Formen für die Weihnachtsbäckerei gibt es aus Edelstahl. Vor dem Ausstechen werden sie in Mehl getaucht, damit der Teig nicht kleben bleibt. Runde Formen können auch mit dünnwandigen Schnaps- oder Wassergläsern ausgestochen werden.

Backblech: Zum Backen werden sie immer eingefettet oder mit Mehl bestreut (besonders bei Hefeteig). Nur für reine Butterplätzchen muß man das Blech nicht fetten.

Backofen: Alle Backtemperaturen in diesem Buch sind in Grad Celsius angegeben und beziehen sich auf Elektroherde. Hier die entsprechenden Einstellungsstufen für Gasherde:

150–160 Grad	Stufe 1
160–175 Grad	Stufe 2
175–200 Grad	Stufe 3
200–220 Grad	Stufe 4
ab 225 Grad	Stufe 5

Getreidemühlen *(siehe S. 15 ff)*

Handmixer und Küchenmaschine: Für kleine Teigmengen reichen die Quirle und Knethaken eines Handmixers aus. Auch zum Schlagen von Eiweiß oder Sahne sind sie sehr handlich. Größere Mengen bewältigt man eher mit einer Küchenmaschine. Für größere Brote werden Brotteig-Knetmaschinen angeboten.

Kuchengitter: Es gibt kleinere runde und größere rechteckige Gitter, auf denen Kuchen und Plätzchen auskühlen. Auch von unten kann die Luft zirkulieren, so daß das Gebäck nicht pampig wird.

Küchenwaage und Meßbecher: Eine mechanische oder elektrische Waage ist beim Backen unentbehrlich. Kleinere Mengen der wichtigsten Zutaten lassen sich auch mit einem Meßbecher leicht abmessen.

Mandelmühle: Sie wird zum Mahlen von Nüssen und Mandeln benötigt. Bei handbetriebenen Mühlen sollte man darauf achten, daß der Mahlzylinder aus stabilem, nicht zu dünnem Blech besteht, damit er nicht zerbeulen kann. Viele elektrische Küchenmaschinen sind mit Mahlscheiben ausgerüstet, so daß man sich eine Extra-Mühle sparen kann.

Mixer und Pürierstab: Viele Zutaten werden vor der Verarbeitung zu einem Mus zerkleinert, besonders Obst. Mit dem Mixer bewältigt man größere Mengen, der Pürierstab ist handlicher. Bei beiden sollte das Schneidewerk sofort nach Gebrauch mit lauwarmem Wasser gereinigt werden.

Mörser: In der Vollwertküche dienen Mörser aus Metall oder angerauhtem Stein zum Zerstoßen von Gewürzen und Kräutern.

Modeln: Die aus Holz geschnitzten traditionellen Motive werden vorwiegend in der Weihnachtsbäckerei verwendet. Springerle und Spekulatius werden mit Modeln geformt. Sie sind als Platten und in Form von Teigrollen erhältlich. Ganz einfache Modeln für runde Kekse kann man selber herstellen, indem man auf einem glatten, sauberen Korken mit dem scharfen Messer Linien aushebt (stern- oder kreuzförmig). Einfach wie einen Stempel auf die Kekse drücken.

Pinsel: Breite, platte Backpinsel mit Naturborsten benötigt man zum Bestreichen von Gebäck, zum Aufbringen von Glasuren und zum Einfetten. Am besten mehrere Pinsel verwenden, einen für fettige Massen, einen für „saubere“ Arbeiten.

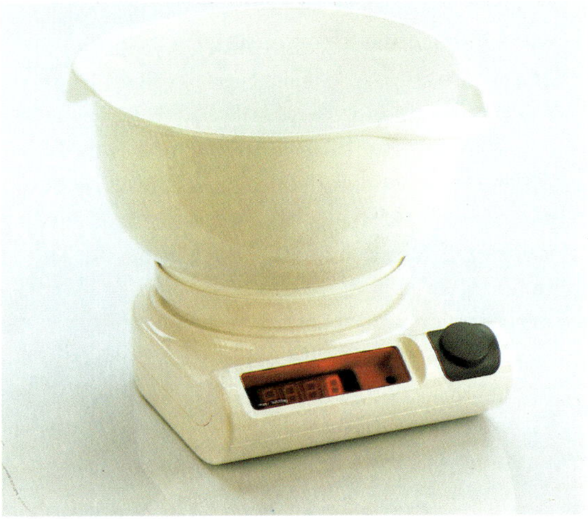

Eine moderne Küchenwaage

Reibe: Eine gute Gemüsereibe aus Edelstahl findet auch beim Backen Verwendung, zum Beispiel für geraspelte Karotten oder Reibkäse. Sie sollte eine Fläche für feine und grobe Stufe haben. Auch wenn viele Küchenmaschinen mit Scheiben zum Raspeln ausgerüstet sind, nimmt man für kleinere Mengen eher die Handreibe.

Rührlöffel: Hölzerne Rührlöffel in unterschiedlichen Größen sind für Rührteige und Brandteige gedacht. Sie werden gleich nach der Benutzung gereinigt.

Schneebesen: Kleinere Mengen Eiweiß oder Sahne schlägt man mit der Hand. Steifen Eischnee hebt man mit dem Schneebesen unter den Teig.

Schüsseln: Rührschüsseln aus Hartplastik mit einem Gummi-Standring sind zum Rühren von Teig sehr vorteilhaft. Sie sollten in mehreren Größen vorhanden sein. Halbkugelförmige Edelstahlschüsseln zum Rühren von Cremes und Eischnee sind ebenfalls nützlich. Zum Kneten von schweren Hefe- oder Sauerteigen eignen sich große, schwere Steingutschüsseln, wenn man nicht eine hölzerne Arbeitsplatte zur Verfügung hat.

Spachtel und Pfannenwender: Damit werden Plätzchen vom Blech gehoben, sobald sie aus dem Ofen kommen.

Teigrädchen: Die noch ungebackenen ausgerollten Teigplatten werden am besten mit Teigrädchen in kleine Kekse geteilt. Das Rädchen immer wieder in Mehl tauchen, damit nichts kleben bleibt.

Teigrolle: Rollen aus Holz und Keramik benötigt man zum Ausrollen größerer Teigflächen. Soll der Teig ganz exakt werden, an beiden Seiten gleichdicke Holzleisten unterlegen. Zur Not kann man den Teig auch mit einer glatten, zylindrischen Flasche ausrollen.

Teigschaber: Die dünnen Plastikplatten oder Gummischaber an einem Stiel helfen, die letzten Teigreste aus der Schüssel zu kratzen. Vor Gebrauch in Wasser oder Milch tauchen, damit kein Teig kleben bleibt.

Waffel- und Röllcheneisen: Gibt es aus Gußeisen und beschichtet, elektrisch betrieben. Die aus Gußeisen muß man vor Benutzung einfetten.

Abb. S. 31 ▷
Weizenschrotbrot (Rezept S. 32)

Würzige Vollkornbrote und knusprige Brötchen

Weizenschrotbrot (*Abb. S. 31*)

60 g Hefe
1 El Vollrohrzucker
etwa 0,5 l warmes Wasser
500 g Weizenschrot (Type 1700, Reformhaus)
3 Tl Meersalz
1 Tl gemahlener Koriander
1 El Butter
2 El Butter zum Bestreichen

Hefe mit 0,1 l von dem Wasser und dem Zucker verrühren. An einem warmen Ort kurz gehen lassen. Weizenschrot in eine Schüssel geben und mit der Hefe-Mischung und den übrigen Zutaten verkneten. Gut durcharbeiten, bis sich der Teig vom Schüsselrand löst. Noch einmal eine knappe Stunde gehen lassen. Erneut durchkneten und eine Kugel formen. Auf ein gefettetes Backblech legen, mit der zerlassenen Butter bestreichen und rautenförmig einschneiden. Bei 220 Grad etwa 40 Minuten backen.

Roggenschrotbrot

350 g Roggenschrot
550 g Weizenvollkornmehl
60 g Hefe
2 El Honig
0,6 l lauwarmes Wasser
40 g Sesam
40 g Leinsamen
20 g Mohn
1 Paket fertig gekaufter oder
1 Tasse selber angesetzter Natursauerteig
3 Tl Meersalz
1 Tl Kümmel
1 Tl Anis
3 El Milch

Den frisch gemahlenen Roggenschrot mit dem mittelfeinen Weizenmehl in eine Schüssel geben. Die Hefe mit dem Honig in einer halben Tasse von dem warmen Wasser anrühren, in die Mulde gießen, mit etwas Mehl vermischen und an einem warmen Ort kurz gehen lassen. Jeweils die Hälfte des Leinsamen, Sesams und Mohns zusammen mit den Gewürzen und dem Sauerteig zum Vorteig geben. Das restliche warme Wasser zugießen und mit dem Knethaken kräftig verrühren. Anschließend etwa 10 Minuten mit den Händen durchkneten. Nochmals eine knappe Stunde gehen lassen. Kräftig durchschlagen und zu einem länglichen Laib formen. Auf ein gefettetes Backblech legen. Mit der Milch bestreichen und mit den restlichen Samen bestreuen. Nochmals gehen lassen, bis sich das Volumen verdoppelt hat. Bei 200 Grad etwa 70 Minuten backen.

Sauerteigbrot (Abb. S. 35)

Sauerteig-Ansatz:
50 g Roggenvollkornmehl, fein
50 g Roggenschrot
0,125 l lauwarmes Wasser
½ Tl Kümmel
1 El Joghurt

Sauerteig:
500 g Roggenschrot, mittelfein
0,5 l warmes Wasser
3 El Sauerteig-Ansatz

Brotteig:
500 g Roggenschrot, mittelfein
750 g Weizenvollkornmehl, fein
etwa 0,25 l warmes Wasser
3 Tl Meersalz
1 El zerstoßener Koriander (oder Kümmel)
Sauerteig (die Menge aus dem o. a. Rezept)

Für den Sauerteig-Ansatz die trockenen Zutaten mischen, Wasser und Joghurt zufügen und zu einem flüssigen Teig verrühren. An einem warmen Ort in einem verschlossenen Schraubglas etwa 3 Tage stehen lassen. Im Sommer reicht die Raumtemperatur, im Winter neben die Heizung stellen. Ab und zu leicht schütteln. Wenn sich Bläschen an der Oberfläche zeigen, ist der Ansatz fertig. Der fertige Ansatz muß säuerlich, aber nicht scharf riechen.
Für den eigentlichen Sauerteig 3 El Sauerteig-Ansatz in 0,5 l warmem Wasser auflösen, 500 g Roggenschrot zufügen und verrühren. Etwa 8 Stunden bei Zimmertemperatur gehen lassen. Von diesem Sauerteig 3 El abnehmen und in einem Schraubglas im Kühlschrank fürs nächste Backen aufheben. Er hält sich einige Wochen.

Für den Brotteig Roggenschrot und Weizenmehl mischen, eine Mulde drücken, Sauerteig und etwa 0,25 l warmes Wasser zugeben. Einen Teil des Mehls mit dem Wasser und dem Sauerteig zu einem weichen Vorteig mischen. In der Schüssel etwa 8 Stunden bei Zimmertemperatur gehen lassen. Dabei mit einem feuchten Tuch abdecken.
Salz mit dem restlichen Wasser und dem Gewürz verrühren und nach und nach mit dem letzten Mehl unter den gegangenen Teig rühren. Den geschmeidigen Teig (eventuell portionsweise) eine Viertelstunde kneten. Nochmals eine Stunde gehen lassen. Wieder gut durchschlagen, in eine gefettete Keramikform füllen und nochmals eine Stunde gehen lassen. Auf die untere Schiene in den kalten Ofen schieben und bei 250 Grad backen. Nach der Hälfte der Backzeit auf 220 Grad stellen. Ein feuerfestes Gefäß mit heißem Wasser mit in den Ofen stellen. Das Brot braucht etwa 60 Minuten. Wenn es hohl klingt, ist es fertig.

Kerniges Schrotbrot

▷

175 g Weizenmehl (Type 1700, Reformhaus)
175 g Weizenmehl (Type 1050, Reformhaus)
150 g Roggenvollkornschrot
2½ Tl Kräutersalz
½ Tl Thymian
20 g zerbröckelte Hefe
300 g lauwarmes Joghurt
75 ml lauwarmes Wasser
40 g zerlassene Pflanzenmargarine
50 g grob gehackte Kürbiskerne
50 g Sonnenblumenkerne

Mehl und Gewürze in einer Rührschüssel mischen, Hefe, Joghurt, Wasser und Margarine zufügen und alles gründlich durchkneten.
Den Teig mit Folie bedecken, über Nacht im Kühlschrank aufgehen lassen. Kürbis- und Sonnenblumenkerne zufügen, den Teig durchkneten, in einem gemehlten Korb aufgehen lassen und auf ein gefettetes Backblech stürzen.
Im vorgeheizten Ofen
10 Minuten bei 225° C und 40 Minuten bei 200° C backen.

TIP

„Kernig" werden alle Brote, wenn Sie sie vor dem Backen mit etwas Wasser bestreichen und reichlich mit Saaten bestreuen: Sonnenblumen- und Kürbiskerne, ungemahlene Gewürze (Kümmel, Fenchel, Koriander), grobe Haferflocken, grob gehackte Nüsse, grober Getreideschrot eignen sich dazu.

Kräuterbrot mit Frischkäse

1 kleine Zwiebel
30 g Pflanzenmargarine
300 g Weizenvollkornmehl
50 g grobe Haferflocken
1 Tl Meersalz
25 g Hefe
⅛ l lauwarme Buttermilch
100 g Kräuterfrischkäse
gehackte Kräuter (Petersilie, Schnittlauch, Dill etc.)

Zwiebel würfeln und in Margarine andünsten, abkühlen lassen.
Mehl und Haferflocken mit Salz in eine Schüssel geben. Hefe zerbröckeln und mit Buttermilch verrühren, zusammen mit Frischkäse und den Zwiebeln dazugeben und alles zu einem glatten Teig verkneten. Abgedeckt an einem warmen Ort bis zur doppelten Größe aufgehen lassen. Nochmals durchkneten und den Teig in eine mit Backpapier ausgelegte Kastenform (Länge 20 cm) geben, aufgehen lassen. Die Oberfläche mit etwas Milch bestreichen.

Im vorgeheizten Ofen bei 200° C etwa 30 bis 35 Minuten backen.

Weizenvollkornbrot „Montana“

500 g Weizenvollkornmehl (Type 1700, Reformhaus)
250 g Weizenmehl (Type 405, Reformhaus)
75 g Weizen- oder Haferkleie Type 409)
40 g Hefe
0,2 l lauwarmes Wasser
0,25 l lauwarme Buttermilch
1 El Meersalz,
125 g Sonnenblumenkerne
0,125 l Milch
etwas Milch zum Bepinseln der Brotlaibe

Das Weizenvollkornmehl sieben, dann mit dem Weizenmehl und der Kleie in einer großen Schüssel vermischen. In die Mitte eine Mulde drücken. Die Hefe zerbröckeln, mit dem Wasser glattrühren und in die Mulde gießen. Mit etwas Mehl vom Muldenrand zu einem dickflüssigen Ansatz verrühren. Etwas Mehl darüberstäuben und bei Zimmertemperatur zugedeckt gehen lassen, bis das Mehl Risse bekommt. Nun die Buttermilch und das Salz hinzufügen und alles zu einem glatten, geschmeidigen Teig verarbeiten. Falls er zu fest ist, noch etwas lauwarme Flüssigkeit hinzufügen. Den Teig solange mit den Händen kneten und schlagen, bis er im Schnitt gleichmäßige Bläschen aufweist. Bei Zimmertemperatur zugedeckt um das doppelte Volumen gehen lassen. 75 g von den Sonnenblumenkernen mit der heißen Milch übergießen und 30 Minuten quellen lassen. Gut abgetropft unter den Teig kneten. Den Teig halbieren und zwei runde Laibe formen. Mit etwas Milch bepinseln und kreuzweise nicht zu tief einschneiden, dann mit den restlichen Sonnenblumenkernen bestreuen. Auf ein mit Mehl bestäubtes Backblech legen und nochmals gehen lassen. Im auf 220 Grad vorgeheizten Backofen auf der untersten Schiene 20 Minuten backen, dabei ein feuerfestes Förmchen mit Wasser mit in den Backofen stellen. Dann die Temperatur auf 180 Grad zurückschalten und die Brote noch 30 Minuten weiterbacken.

Blumentopfbrot

60 g Hefe
etwa 0,45 l lauwarmes Wasser
1 El Vollrohrzucker
700 g Weizenvollkornmehl
1 El Meersalz
20 g Butter

Hefe mit dem Zucker in dem Wasser auflösen. Kurz gehen lassen. Mit dem Salz, dem Mehl und der weichen Butter vermischen und mehrere Minuten kneten. Den Teig eine Stunde gehen lassen. Zusammen schlagen und gut durchkneten. Drei kleine neue Blumentöpfe gut einfetten, den Teig einfüllen und nochmals gehen lassen. Die Oberfläche mit Wasser bepinseln. Bei 225 Grad etwa 30 bis 40 Minuten backen.
Sie können die Blumentöpfe immer wieder verwenden. Wenn sie ganz mit Fett durchtränkt sind, läßt sich das fertige Brot leichter lösen. Am Anfang geht es etwas schwer heraus.

Haselnußlaib

etwa 0,3 l lauwarme Milch
1 El Honig
40 g Hefe
400 g Weizenvollkornmehl, fein
150 g ganze Haselnüsse
2 Tl Meersalz
1 Tl zerstoßener Koriander
½ Tasse Wasser zum Bestreichen

Hefe mit dem Honig und einem Viertel der Milch vermischen und kurz gehen lassen, bis sich Bläschen bilden. Mehl, Salz, Koriander, die restliche Milch und die Haselnüsse zu einem Teig verkneten, die Hefelösung zugeben und nochmals gut durcharbeiten. Den Teig an einem warmen Ort eine knappe Stunde gehen lassen, kurz durchkneten. Zu einem länglichen Laib formen und mit Wasser bestreichen. Auf ein gefettetes Backblech legen, nochmals eine halbe Stunde gehen lassen. 50 bis 60 Minuten bei 220 Grad backen.

Honigbrot

40 g Hefe
0,35 l lauwarme Milch
100 g Honig
500 g Weizenvollkornmehl
2 Tl Meersalz
100 g Mandelsplitter
0,1 l Sahne
Vanillepulver
75 g Butter

Hefe mit Milch und Honig verrühren. Mehl mit dem Salz mischen und unter die Flüssigkeit rühren. Die restlichen Zutaten einarbeiten (Butter erwärmen) und gut durchkneten. Eine Stunde gehen lassen. In eine gefettete Kastenform füllen. Nochmals gehen lassen. Bei 200 Grad etwa 50 Minuten backen.

Grahambrot mit Sesam

40 g Hefe
1 El Honig
etwa 0,4 - 0,45 l Wasser
750 g Weizenschrot (davon ½ sehr fein, ½ mittelfein, Reformhaus)
3 Tl Meersalz
50 g Butter
½ Tl Milch zum Bepinseln
Sesam zum Bestreuen

Hefe in eine Tasse bröseln, mit Honig mischen und mit etwas lauwarmem Wasser verrühren. Einige Minuten gehen lassen. Inzwischen Schrot, Salz, das restliche Wasser und die Butter miteinander verkneten, dann die Hefelösung zugeben und alles zu einen glatten Teig rühren. 40 bis 50 Minuten gehen lassen. Nochmals kurz durchkneten, einen Laib formen und sehr vorsichtig mit Milch bestreichen. Wieder 30 Minuten gehen lassen, dann im vorgeheizten Backofen 50 bis 60 Minuten bei 220 Grad backen.

Schrotbrötchen

▷

500 g Weizenvollkornmehl, mittelfein
40 g Hefe
etwa 0,25 l lauwarme Milch
1 Tl Honig
200 g Joghurt (Sanoghurt aus dem Reformhaus)
1-2 Tl Meersalz
1 Prise gemahlener Koriander
50 g ungehärtete Pflanzenmargarine
Milch zum Bepinseln
Weizenschrot

Mehl in eine Schüssel geben. Eine Mulde ins Mehl drücken, die Hefe mit der Hälfte der Milch und dem Honig verrühren und hineinkippen. Kurz gehen lassen, bis sich die ersten Bläschen zeigen. Alle weiteren Zutaten einarbeiten, bis ein geschmeidiger Teig entsteht. Eine halbe Stunde an einem warmen Ort gehen lassen.
Den Teig gut fingerdick auswellen, mit der Milch bepinseln und gleichmäßig mit dem Schrot bestreuen. Etwa 15 Quadrate schneiden, auf ein gefettetes Backblech setzen und noch einmal gehen lassen. Wenn die Brötchen schön aufgegangen sind, bei 200 Grad etwa 20 Minuten backen.

Walnußbrötchen

▷

500 g Weizenvollkornmehl, mittelfein
40 g Hefe
etwa 0,25 l lauwarme Milch
1 Tl Honig
200 g Joghurt (Sanoghurt aus dem Reformhaus)
1-2 Tl Meersalz
50 g ungehärtete Pflanzenmargarine
½ Tl gemahlener Koriander
150 g grob gehackte Walnußkerne
Milch zum Bepinseln

Mehl in eine Schüssel geben und in der Mitte eine Mulde drücken. Die Hefe mit der Hälfte der Milch und dem Honig verrühren, in die Mulde schütten und kurz gehen lassen. Alle weiteren Zutaten einarbeiten und gut kneten, bis ein geschmeidiger Teig entstanden ist. Eine halbe Stunde in der Schüssel gehen lassen.
Etwa 12 Kugeln formen, auf ein gefettetes Backblech legen und mit Milch bepinseln. Wieder gehen lassen, bis sie schön aufgegangen sind (knapp eine halbe Stunde). Etwa 20 Minuten bei 200 Grad backen.

TIP

Walnußbrötchen schmecken besonders gut mit selbstgemachten Marmeladen und Honig. Sie können dem Honig noch eine interessante Geschmacksnote geben, wenn Sie etwas Gewürz (Ingwerpulver, Zimt etc.) untermischen.

Sesambrötchen

500 g Weizenvollkornmehl, mittelfein
40 g Hefe
etwa 0,25 l lauwarme Milch
1 Tl Honig
1 Becher Joghurt (Sanoghurt)
1-2 Tl Meersalz
50 g ungehärtete Pflanzenmargarine
Milch zum Bepinseln
Sesam zum Bestreuen

Mehl in eine Schüssel geben und in der Mitte eine Mulde drücken. Hefe mit der Hälfte der Milch und dem Honig verrühren und hineingießen. Kurz gehen lassen. Die restlichen Zutaten einarbeiten und gut verkneten, bis ein geschmeidiger Teig entstanden ist. Eine halbe Stunde gehen lassen. Etwa 12 Brötchen formen, mit Milch bepinseln und mit den Sesamkörnern bestreuen. Noch einmal eine halbe Stunde gehen lassen. Bei 200 Grad etwa 20 Minuten backen.

Käsebrötchen *(Abb. S. 41)*

400 g Weizenschrot
100 g Roggenschrot
40 g Hefe
etwa 0,25 l lauwarmes Wasser
125 g Magerquark
1-2 Tl Meersalz

100 g geriebener Gouda
2 Eigelb
½ Tl Paprikapulver

Schrot in eine Schüssel geben, in der Mitte eine Mulde drücken. Die Hefe mit einem Viertel des Wassers verrühren und in die Mulde schütten. Kurz gehen lassen. Alle weiteren Zutaten (außer Käse, Ei und Paprika) einarbeiten, bis ein geschmeidiger Teig entstanden ist. Eine halbe Stunde gehen lassen. Den fein geraspelten Gouda mit dem Paprika und Eigelb verschlagen. Den Teig zu 15 Kugeln formen. Kugeln auf ein gefettetes Backblech legen, in der Mitte jeweils eine Vertiefung drücken und die Käsemasse einfüllen. Wieder gut eine Viertelstunde gehen lassen und bei 220 Grad etwa 20 Minuten backen.

TIP

Alle Brötchen sehen besonders lecker aus, wenn sie vor dem Backen mit einer Körnermischung bestreut werden (nach Belieben Sesam, Kürbiskerne, Sonnenblumenkerne, Leinsamen, Haferflocken, etc).

Mehrkornsemmeln

350 g Weizenvollkornmehl
50 g fein gemahlene Hirse
50 g fein gemahlener Hafer
50 g fein gemahlener Roggen
etwa 0,3 l lauwarmes Wasser
60 g Hefe
1 Tl Meersalz
1 Tl zerstoßener Koriander

1 Eigelb zum Bestreichen
1 El Leinsamen
1 El grobe Haferflocken
1 El Sesam

Die Hefe im Wasser auflösen, zusammen mit Salz und Koriander zu dem Mehl gießen und alles zu einem geschmeidigen Teig verarbeiten. Einige Minuten kräftig durchkneten. Den Teig an einem warmen Ort eine Stunde gehen lassen. Nochmals kräftig durchschlagen, etwa 12 runde Semmeln formen. Auf dem bemehlten Backblech wieder eine halbe Stunde gehen lassen. Mit dem leicht verquirlten Eigelb bestreichen, mit Leinsamen, Sesam und Haferflocken bestreuen. Das Blech in den kalten Ofen schieben (mittlere Schiene) und bei 220 Grad etwa 30 Minuten backen.

Knusprige Weizenbrötchen

40 g Hefe
0,35 l Wasser
1 Tl Honig
1 gehäufter Tl Meersalz
600 g Weizenvollkornmehl, mittelfein
1 El Butter

Hefe mit Salz und Honig in dem kalten Wasser auflösen. Weizenmehl langsam untermischen und den geschmeidigen Teig eine Viertelstunde kneten. Eine Viertelstunde ruhen lassen. Die sehr weiche Butter unterkneten. Den Teig in 12 Teile teilen und längliche Brötchen formen. Auf ein bemehltes Blech legen und nochmals eine Viertelstunde gehen lassen, bis das Teigvolumen sich fast verdoppelt hat. Im Backofen bei 250 Grad 20 bis 30 Minuten backen. Eine flache Wanne mit heißem Wasser während des Backens auf den Backofenboden stellen, damit sich Dampf entwickelt. Dadurch werden die Brötchen knusprig.

Kernige Brotzeitfladen

150 g Grünkern
60 g Hefe
etwa 0,25 l Wasser
500 g Weizenvollkornmehl
1 ½ Tl Meersalz
½ Tl gemahlener Koriander
100 g Karotten

Grünkern einige Stunden in lauwarmem Wasser einweichen, bis die Körner weich aufgequollen sind, und abtropfen lassen. Hefe in lauwarmem Wasser auflösen, mit dem Mehl und dem Grünkern mischen. Die Karotten mit der Gemüsereibe fein raspeln, mit dem Salz und dem gemahlenen Koriander in den Teig einarbeiten. Teig gut durchkneten. Eine Stunde an einem warmen Platz gehen lassen. Anschließend nochmals gut durchkneten. Den Teig zu kleinen Kugeln formen, auf ein bemehltes Backblech legen und nochmals 15 Minuten gehen lassen. Bei 200 Grad etwa 20 Minuten backen.
Ein Schälchen mit heißem Wasser mit in den Ofen stellen, damit die Kruste nicht zu hart wird.

Frühlingsbrötchen mit Wildkräutern

▷

500 g Weizenvollkornmehl
0,35 l warmes Wasser
40 g Hefe
1-2 Tl Meersalz
50 g Butter
2 Tassen gemischte Wildkräuter
etwas Milch zum Bestreichen

Hefe im Wasser auflösen. Mehl, Hefewasser und Salz zu einem Teig verrühren, gut durchkneten und eine halbe Stunde ruhen lassen. Nochmals durchkneten, die feingehackten Kräuter und die erwärmte Butter einarbeiten und wieder eine halbe Stunde ruhen lassen. Sollte der Teig noch kleben, etwas Mehl zufügen. Den Teig in 16 Teile teilen, längliche Brötchen formen, auf ein gefettetes Backblech setzen und nochmals eine knappe halbe Stunde gehen lassen. Mit lauwarmer Milch bestreichen. Ein hitzebeständiges Gefäß mit Wasser füllen und auf den Backofenboden stellen. Die Brötchen bei 225 Grad 10 Minuten backen. Dann den Ofen auf 200 Grad stellen und weitere 10 Minuten fertigbacken.

TIP

Übrigens: Sie sollten diese Brötchen im Frühling backen, wenn auf den Wiesen überall frische, zarte Wildkräuter sprießen. Es eignen sich Sauerampfer, Pimpinelle, die ersten Brennesselsprossen, junge Löwenzahnblättchen und die gefiederten Blättchen der Schafgarbe. Aber auch Gundermann, Brunnenkresse, Bärlauch und sogar die jungen Blätter von Gänseblümchen passen in diese Brötchen.

Aromatische Kräuterbrötchen

▷

2 Tassen gemischte frische Gartenkräuter (Dill, Liebstöckel, Petersilie, Pimpinelle, etc.)
350 g Weizenmehl (Type 1050, Reformhaus)
150 g feiner Weizenschrot
40 g Hefe
1 Tl Honig
2 Tl Meersalz
1 Prise frisch gemahlener Pfeffer
80 g Butter
1 Ei
etwa 0,15 l Milch
1 Eigelb zum Bestreichen

Die Kräuter waschen und fein schneiden. Mehl und Schrot in eine Schüssel geben. Hefe mit einem Teil der lauwarmen Milch und dem Honig verrühren und in eine Vertiefung in das Mehl gießen. Kurz gehen lassen, bis sich Bläschen zeigen. Alle übrigen Zutaten einarbeiten, bis ein geschmeidiger Teig entsteht. Gut durchkneten und nochmals gehen lassen. In etwa 16 Stücke teilen, Brötchen formen und auf ein gefettetes Backblech legen. Mit dem verquirlten Eigelb bestreichen, noch einmal kurz gehen lassen und 20 bis 30 Minuten bei 200 Grad backen.

Sonnenblumenbrötchen

500 g Weizenvollkornmehl
0,3 l lauwarmes Wasser
30 g Hefe
1 Tl Meersalz
½ Tl gemahlener Koriander
50 g Sonnenblumenkerne

50 g Sonnenblumenkerne zum Bestreuen
1 Eigelb zum Bestreichen

Weizen und Koriander vermischen, Hefe im Wasser auflösen. Salz und 50 g Sonnenblumenkerne dazugeben und alles zusammen einige Minuten zu einem geschmeidigen Teig kneten. Den Teig etwa eine Stunde an einem warmen Ort gehen lassen. Dann noch einmal sehr kräftig durchkneten, etwa 12 längliche Brötchen formen und auf dem bemehlten Blech nochmals eine halbe Stunde gehen lassen. Die Brötchen mit dem leicht verschlagenen Eigelb bepinseln und mit den restlichen Sonnenblumenkernen bestreuen. In den kalten Ofen schieben. Bei etwa 220 Grad etwa 30 Minuten backen.

TIP

Saaten wie Sonnenblumenkerne können Sie jeweils ganz unter den Teig mischen, aber auch grob hacken oder mahlen.

Käsestangen

500 g Weizenvollkornmehl
40 g Hefe
0,3 l lauwarme Milch
50 g ungehärtete Pflanzenmargarine
100 g geriebener Käse
1 Tl Meersalz
frisch gemahlener Pfeffer

1 Eigelb
1 El Milch
3 El Käse zum Bestreuen

Hefe mit der Hälfte der Milch verquirlen. Eine Mulde ins Mehl drücken und die Mischung hineingießen. Kurz gehen lassen, bis sich die ersten Bläschen zeigen. Margarine zerlaufen lassen, zusammen mit Salz, Pfeffer, Käse und restlicher Milch zu dem Mehl geben. Zu einem geschmeidigen Teig verkneten. Eine halbe Stunde gehen lassen.

Etwa 16 längliche Brötchenstangen formen, auf einem gefetteten Backblech nochmals eine halbe Stunde gehen lassen. Milch und Eigelb verquirlen, die Stangen damit bestreichen und mit Käse bestreuen. Bei 200 Grad 20 bis 30 Minuten backen.

Feinschmeckerbrötchen

40 g Hefe
0,35 l Wasser
1 Tl Vollrohrzucker
1 Tl Meersalz
580 g Dinkelvollkornmehl, mittelfein
40 g Sesam, leicht geröstet und gemahlen
100 g Sonnenblumenkerne
1 El Butter

Den in der trockenen Pfanne leicht gerösteten Sesam gleich zusammen mit dem Dinkel mehlfein mahlen. Hefe mit Salz und Zucker im kalten Wasser auflösen. Das Mehl langsam untermischen und den geschmeidigen Teig eine Viertelstunde durchkneten. Kurz ruhen lassen und inzwischen die Butter verflüssigen. Den Teig mit der Butter und der Hälfte der Sonnenblumenkerne vermengen. Etwa 12 runde Brötchen formen, mit etwas Wasser bestreichen und mit den restlichen Sonnenblumenkernen bestreuen. Auf ein bemehltes Backblech legen. Nochmals kurz gehen lassen, bis sich das Teigvolumen fast verdoppelt hat. In den vorgeheizten Backofen schieben und bei 250 Grad 20 bis 30 Minuten backen. Dabei eine Schüssel mit Wasser auf den Backofenboden stellen.

Ingwerzopf

▷

250 g Weizenvollkornmehl, sehr fein
½ Päckchen Trockenbackhefe
4 El Magermilch
4 El Sahne
10 ml Süßstoff
1 Prise Meersalz
1 Tl Ingwerpulver
1 Eiweiß
½ Eigelb
1 eingelegte Ingwerpflaume
½ Eigelb und 1 El Sahne zum Bestreichen

Gesiebtes Mehl mit der Trockenbackhefe mischen, lauwarme Milch und Sahne, Süßstoff, Salz, Ingwerpulver, Eiweiß und Eigelb dazugeben. Alles mit den Knethaken des elektrischen Handrührgerätes gut verkneten. Ingwerpflaume fein würfeln und rasch unter den Teig kneten. An einem warmen Ort zugedeckt bis zur doppelten Größe gehen lassen. Den Teig in 3 Portionen teilen und 3 gleich große Portionen daraus formen. Hieraus einen Zopf flechten, die Enden gut zusammendrücken. Auf ein leicht gefettetes Backblech legen. Eigelb mit Sahne verrühren, den Zopf damit bestreichen. Nochmals etwa 30 Minuten zugedeckt gehen lassen. Dann im vorgeheizten Backofen etwa 30 Minuten bei 200 Grad backen.

Rosinensterne

▷

500 g Weizenvollkornmehl, fein, ausgesiebt
0,2 l lauwarme Milch
40 g Hefe
1 Ei
80 g weiche Butter
1 Vanillezucker
1 Prise Meersalz
50 g weicher Honig
100 g Rosinen
50 g kleingeschnittenes Zitronat
50 g kleingeschnittenes Orangeat
50 g Mandelstifte
1 Eigelb zum Bestreichen

Die Hefe in der Milch verquirlen und zum Mehl rühren. Die restlichen Zutaten – zum Schluß Rosinen, Zitronat und Orangeat – zufügen und gründlich kneten, bis sich der Teig vom Schüsselrand löst, und gehen lassen. Noch einmal kurz durchkneten und Sterne ausstechen. Auf ein bemehltes Backblech legen, erneut eine halbe Stunde gehen lassen. Mit dem verquirlten Eigelb bestreichen. In den kalten Backofen schieben. Bei 200 Grad etwa 30 Minuten backen.

TIP

Fürs Sonntagsfrühstück können Sie den am Abend vorher fertig durchgekneteten Teig in einer abgedeckten Schüssel im Kühlschrank aufbewahren. Am Morgen einfach herausnehmen, noch einmal durchkneten und zum Backen in den kalten Ofen schieben.

Weizenknäckebrot

350 g Weizenmehl (Type 1050, Reformhaus)
100 g Weizenschrot
3 Tl Meersalz
40 g Butter
etwa 0,25 l kochendes Wasser

Knäckebrot enthält im Gegensatz zu allen anderen Broten kein Backtreibmittel. Allein durch kräftiges Kneten wird der Teig mit Sauerstoff durchmischt, so daß er nicht zu hart wird.

Mehl, Schrot, Salz und Butterflöckchen in eine Schüssel geben. Langsam das kochende Wasser darübergießen und rühren, bis ein fester Teig entsteht. Auskühlen lassen. Einige Minuten kräftig durchkneten. Auf einem gefetteten Backblech dünn ausrollen, mit einer Gabel etliche Male einstechen (am besten regelmäßige Muster). Mit dem Teigrädchen in 15 bis 20 längliche Rechtecke unterteilen. Bei 165 Grad etwa 15 Minuten backen. Das Knäckebrot soll nur trocknen, darf also nicht dunkel gebacken werden.

TIP

In Skandinavien wird das Knäckebrot zu runden Fladen ausgerollt gebacken, in der Mitte mit einem Loch versehen. Es hält sich in einer Blechdose wochenlang. Das Grundrezept können Sie variieren, indem sie einen Teil des Weizenmehls durch Roggenmehl ersetzen. Vor dem Backen können die Teigplatten auch mit Sesam oder Leinsamen bestreut werden (fest andrücken).

Abb. S. 53 Pizza „Marlisa“ ▷
(Rezept S. 56)

Aufläufe und kleine Mahlzeiten – süß oder pikant

Käsekranz aus Brandteig

250 g Weizenvollkornmehl, fein
¼ Tl Salz
140 g Butter
0,35 l Wasser
5 Eier
1 Prise Paprikapulver
200 g geriebener Emmentaler
50 g geriebener Emmentaler zum Bestreuen

Wasser, Butter und Salz zum Kochen bringen. Das Mehl auf einmal hineinschütten. Mit einem Kochlöffel so lange rühren, bis ein fester Teig entsteht. Den Topf dabei weiter auf der heißen Herdplatte stehen lassen. Sobald der Teig einen Kloß bildet und sich vom Rand löst, von der Platte nehmen. Langsam die Eier einarbeiten, eines nach dem anderen. Schließlich 200 g Käse und Paprikapulver unterrühren. Kranzförmig auf ein gefettetes Backblech legen und mit dem restlichen Käse bestreuen. Bei 175 Grad etwa 40 Minuten backen.

Italienische Vollkornpizza

Teig:
40 g Hefe
60 g Weizenvollkornmehl, fein
½ Tasse warmes Wasser

500 g Weizenvollkornmehl, fein
1 Tl Meersalz
warmes Wasser

Belag:
3 El Olivenöl
30 g Parmesan
Paprikaschoten
Tomatenscheiben
Artischocken
Pfefferoni
Champignons
½ Tl Meersalz
250 g Reibkäse
1 El gerebelter Origano
evtl. frischer Origano

Hefe, 60 g Mehl und ½ Tasse warmes Wasser zu einem Vorteig verrühren und eine Stunde gehen lassen. Restliches Mehl mit dem Salz in eine Schüssel sieben, Vorteig und so viel weiteres warmes Wasser einarbeiten, daß ein geschmeidiger, nicht mehr klebender Teig entsteht. Gut durcharbeiten. Nochmals eine Stunde gehen lassen und wieder kräftig kneten. Den Teig nun auf ein gefettetes Backblech ausrollen. Mit dem Olivenöl beträufeln, mit dem Parmesan bestreuen. Die Zutaten für den Belag zerkleinern und auf dem Teig verteilen. Champignons vorher in etwas Butter dünsten. Zum Schluß würzen und den Reibkäse darüberstreuen. Falls frischer Origano zur Hand, die kleinen Blättchen erst kurz vor Ende des Backens auf die Pizza streuen, damit sie nicht verbrennen. Die Pizza etwa 25 bis 30 Minuten bei 225 Grad backen.

Pizza „Marlisa" *(Abb S. 53)*

Teig:
150 g Magerquark
2-3 El Milch
5 El kaltgepreßtes Sonnenblumenöl
1 Prise Vollrohrzucker
1 Tl Vollmeersalz
1 Ei
300 g Weizenmehl, Type 1050
1 Pack. Weinsteinbackpulver

Belag:
Gewürze wie Thymian, Majoran, Vollmeersalz, Pfeffer, Basilikum, Knoblauchpulver
2-3 El Tomatenmark
ca. 10 Tomaten (überbrüht und enthäutet)
1 kleine Dose Champignon
2-3 mittelgroße Zwiebeln
100 g geriebener Käse (Emmentaler oder Gouda)
10 Oliven mit Paprikafülle

Quark mit Milch, Öl, Zucker, Vollmeersalz und Ei glattrühren. Das mit Backpulver vermischte Mehl einrühren und mit der Hand kneten bis ein geschmeidiger Teig entsteht. Der Teig sollte nicht mehr kleben und etwa 1 Stunde im Kühlschrank aufbewahrt werden. Dann auf einem gefetteten Blech auswellen. Der Teig eignet sich sehr gut zum Einfrieren! Gewürze mit Tomatenmark mischen und auf den Teig streichen. Dann die geschnittenen Tomaten, Pilze und Zwiebeln gleichmäßig verteilen. Nochmals würzen und mit geriebenem Käse bedecken. Im vorgeheizten Backofen 30 Minuten bei 200 bis 220 Grad backen.

Pizza-Variationen

Den Pizzateig von der vorhergehenden Seite können Sie nach Belieben mit den unterschiedlichsten Belägen variieren. Sie finden hier einige der beliebtesten, traditionellen Sorten. Daneben läßt sich fast jedes Gemüse in knackig gedünsteter Form zu Pizza „nach Art des Hauses" verwenden. Die Backzeit beträgt immer etwa 30 Minuten bei 210 bis 225 Grad.
Träufeln Sie auch bei jedem Belag den Boden zunächst mit etwas Olivenöl ein, damit er schön saftig wird. Als Gewürze eignen sich Origano, Basilikum, Thymian und am Schluß aufgestreute frische Petersilie. Auch Zwiebelringe und Knoblauch können eine besondere Note geben.

Gemüsepizza

▷

1 kg gemischtes grünes Gemüse (Spinat, Zucchini, Brokkoli, Kohlrabi, Bohnen, Zuckererbsen samt Schoten, etc.) in Salzwasser dünsten
Meersalz
Pfeffer
Origano
300 g Reibkäse

Pizza Napoletana

1 kg Tomaten
½Tl Meeersalz, Pfeffer
12 Sardellenfilets
Origano nach Belieben
200 g Mozzarella
2 El Olivenöl

TIP

Sie können aus dem Teig auch Fladen formen, indem Sie je eine Teigkugel dünn ausziehen und einen etwas dickeren Rand stehen lassen. Es passen jeweils etwa 4 Fladen auf ein Blech.

Hirtenfladen

Teig:
40 g Hefe
50 g Weizenvollkornmehl
½ Tasse warmes Wasser
300 g Weizenvollkornmehl
1 knapper Tl Meersalz
warmes Wasser

Belag:
200 g gewürfelter Schafskäse
50 g schwarze Oliven
4 El Olivenöl
1 Tl Origano
½ Tl Thymian
2 Knoblauchzehen, in dünne Scheiben geschnitten
frischer Thymian und Origano

Hefe mit 50 g Mehl und ½ Tasse Wasser zu einem Vorteig verrühren und eine Stunde gehen lassen. Restliches Mehl, Salz und weiteres Wasser einarbeiten, bis ein geschmeidiger, nicht zu weicher Teig entstanden ist. Kräftig durchkneten und eine Stunde gehen lassen. Teig in vier Kugeln teilen, zu dünnen Fladen mit einem etwas dickeren Rand ausziehen und auf ein gefettetes Backblech legen. Mit dem gewürfelten Schafskäse und den Oliven belegen, Olivenöl darüberträufeln, mit gerebeltem Origano und Thymian und Knoblauch bestreuen. Bei 200 Grad etwa 15 Minuten backen. Kurz vor dem Ende der Backzeit jeden Fladen mit ein bis zwei Zweigen Origano oder Thymian belegen.

TIP

Schafskäse kommt meist aus Griechenland, Italien oder Frankreich. Sie bekommen ihn in unterschiedlichen Fettstufen auch in türkischen Läden. Es eignet sich jeder Schafskäse für die Fladen.

Kräuterquiche

▷

Teig:
210 g Weizenvollkornmehl
1 Ei
30 g geriebener Gouda
½ Tl Meersalz
100 g Butter
1 El Sonnenblumenöl

Füllung:
2 Eier
200 g geriebener Gouda
0,15 l Milch
3 Knoblauchzehen
⅓ Tl Meersalz
frisch gemahlener Pfeffer
50 g gehackte Zwiebeln
1 Prise Muskatnuß
2 Tassen frische Kräuter (Petersilie, Lauch, Pimpinelle, junger Sauerampfer, Kerbel, Zwiebelgrün, Schnittlauch, Dill etc.)

Aus den oberen Zutaten einen Mürbeteig kneten. Eine Stunde im Kühlschrank ruhen lassen. In eine gefettete Quiche- oder Springform pressen, dabei einen fingerdicken Rand stehen lassen. Mit dem Öl bepinseln. Eier trennen, Eiweiß steif schlagen. Eigelb mit der Milch und den Gewürzen verquirlen. Käse und die Kräuter zufügen und gut verrühren. Den Eischnee unterheben. Auf den Teig gießen. Bei 200 Grad auf der unteren Schiene etwa 45 Minuten backen. Nach 30 Minuten abdecken, damit die Füllung nicht zu dunkel wird. Mit Salat servieren.

Pikanter Tomatenkuchen mit Käse

Teig:
400 g Weizenvollkornmehl
3 Eier
3 El kaltes Wasser
1 Tl Salz
180 g Butterschmalz

Füllung:
300 g Zwiebeln
20 g Butterschmalz
Kräutersalz
weißer Pfeffer
600 g gleichmäßig große Tomaten
3 Eier
100 g geriebener Käse (Emmentaler oder Gruyère)
200 g Crème fraîche
3 El Weizenvollkornmehl
1 Bund Petersilie

Aus Mehl, Eiern, Wasser, Salz und Butterschmalz einen Mürbeteig bereiten. Eine gefettete Quiche- oder Pizzaform (26 cm) mit dem ausgerollten Teig auslegen. Den Boden mit einer Gabel mehrmals einstechen. Im vorgeheizten Backofen bei 220 Grad 10 Minuten vorbacken.
Für die Füllung die Zwiebeln schälen, in dünne Ringe schneiden und in dem erhitzten Butterschmalz glasig dünsten. Mit Kräutersalz und Pfeffer würzen.
Tomaten kreuzweise einritzen, mit kochendem Wasser überbrühen und abhäuten. Die Tomaten halbieren und die Stengelansätze keilförmig herausschneiden. Die Eier, 25 g geriebenen Käse, Crème fraîche und 3 El Mehl verrühren, mit Salz und Pfeffer pikant abschmecken.
25 g geriebenen Käse auf den vorgebackenen Teigboden streuen. Darauf die gedünsteten Zwiebeln verteilen. Die Tomatenhälften mit der Schnittfläche nach unten darauf setzen. Die Eier-Käse-Masse in die Zwischenräume gießen. Die Tomatentorte in den vorgeheizten Backofen, mittlere Schiene geben, und bei 220 Grad etwa 50 Minuten backen. 10 Minuten vor Ende der Backzeit den restlichen Käse darüber verteilen und goldgelb werden lassen. Mit gehackter Petersilie bestreuen und heiß servieren.

Roggenwaffeln mit Käse

200 g Roggenschrot
0,25 l Milch
2 Eier
200 g Sauerrahm
½ Tl Kräutersalz
1 Prise Pfeffer
200 g fein geraspelter Gouda
1 Prise Muskatnuß
1 Tl Thymian
½ Tl Basilikum

Den frisch gemahlenen Roggenschrot mit der Milch und dem Sauerrahm glattrühren. Die verquirlten Eier und die restlichen Zutaten untermischen. Teig eine halbe Stunde ruhen lassen. Im vorgeheizten Waffeleisen Teig portionsweise zu Waffeln backen, jede etwa 4 Minuten. Mit Salat als kleine Mahlzeit servieren.

Pikanter Quarkkuchen ▷

Teig:
450 g feinst gemahlener Weizenschrot (Reformhaus)
40 g Hefe
0,25 l Milch
½ Tl Zucker
1 Tl Meersalz
30-50 g weiche, ungehärtete Pflanzenmargarine
1 Ei

Belag:
1 kg Quark (20%)
2 große Zwiebeln (gehackt)
2 Knoblauchzehen (gehackt)
4-5 Eier
1 El Stärkepulver
Meersalz
Pfeffer aus der Mühle
5-7 El Schnittlauch (geschnitten)

Schrot in eine Schüssel geben, in die Mitte eine Mulde drücken. Hefe mit etwas lauwarmer Milch und einem Teil des Zuckers anrühren und in die Mulde geben. Mit einem Tuch abdecken und etwa 15 Minuten gehen lassen (an einem warmen, aber nicht zu heißen Platz). Die restliche Milch, den restlichen Zucker, das Salz, das Fett und das Ei zugeben. Alles miteinander verrühren und eventuell mit der Küchenmaschine verkneten, bis der Teig sich von der Schüsselwand löst. Den Teig wieder etwa 30 Minuten gehen lassen (er sollte sich verdoppeln), danach nochmals durchkneten. Quark mit Zwiebelwürfeln, Knoblauch, den Eiern und der Stärke verrühren; mit Salz, Pfeffer und Schnittlauch würzen, die Masse auf dem ausgewellten Hefeteig verstreichen. Den Kuchen bei 200 Grad etwa 40 Minuten backen.

Das Rezept reicht für ein Backofenblech – ergibt ca. 6 Stücke

Zwiebelkuchen ▷

Teig:
300 g Weizenvollkornmehl, sehr fein
30 g Hefe
1 Prise Vollrohrzucker
etwa 0,125 l Milch
1 Ei
1 gestrichener Tl Meersalz
2 Tl Sonnenblumenöl

Belag:
1 kg Zwiebeln
50 g Butter
3 El herber Weißwein
0,125 l Sahne
0,125 l Sauerrahm
1 Ei
1 gestrichener Tl Meersalz
frisch gemahlener Pfeffer
1 Tl Kümmel
evtl. Zwiebelgrün

Hefe mit dem Zucker in der lauwarmen Milch lösen und kurz gehen lassen. Mit den restlichen Zutaten zu einem geschmeidigen Hefeteig verkneten. Eine Stunde ruhen lassen.

Zwiebeln schälen und in feine Scheiben schneiden. In der Butter glasig dünsten, mit Weiß wein ablöschen. Sahne, Ei, Sauerrahm, und die Gewürze verquirlen. Den gegangenen Hefeteig auf ein gefettetes Backblech drücken, Zwiebelmasse und fein geschnittenes Zwiebelgrün darüber verteilen und mit der Eier-Sahne-Mischung begießen. Bei 200 Grad etwa 35 Minuten backen. Schmeckt im Herbst zu jungem Wein.

Spinatpudding

▷

Teig:
500 g Pellkartoffeln
4 Eier
1-2 El Mehl (Type 1050, Reformhaus)
Meersalz

Belag:
1 mittelgroße Zwiebel
20 g ungehärtete Pflanzenmargarine
1 kg Spinat (frisch) oder 2 Pakete tiefgefrorenen Spinat
100 g geriebenen Käse (45% F. i. Tr.)

Pellkartoffeln durch die Presse geben, mit 4 Eigelb, Mehl, Gewürzen und, wenn nötig, mit etwas Milch verrühren. Die Zwiebel hacken und in Pflanzenfett leicht andünsten, ebenfalls den frischen, gewaschenen oder aufgetauten Spinat etwa 10 Minuten dünsten. Kartoffeln und Spinat miteinander mischen, das steifgeschlagene Eiweiß und den Käse unterheben und die Masse in eine gefettete Puddingform füllen. Im Wasserbad etwa 1 bis 1¼ Stunden garen oder als Auflauf zubereiten.

Spinatpizza

▷

Teig:
150 g Magerquark
2-3 El Milch
5 El kaltgepreßtes Sonnenblumenöl
1 Prise Zucker
1 Tl Meersalz
1 Ei
300 g Weizenmehl (Type 1050) oder leicht ausgesiebter Weizenschrot
1 Päckchen Weinsteinbackpulver

Belag:
ca. 5 El Tomatenmark
Hefewürze (Reformhaus)
Pfeffer
Majoran
Thymian
Basilikum
1-3 Knoblauchzehen
1½ kg Spinat
Meersalz
Muskat
Knoblauchpulver
5 Tomaten
150 g geriebener Käse

Für den Teig Quark, Milch, Öl, Zucker, Salz und Ei glattrühren. Das mit Backpulver vermischte Mehl einrühren, mit der Hand weiterkneten. Der Teig sollte nicht mehr kleben und vor dem Auswellen etwa eine Stunde im Kühlschrank stehen. Teig auf einem großen rechteckigen Backblech auswellen.Tomatenmark und Gewürze miteinander vermengen und den Teig damit bestreichen. Knoblauchzehen kleinschneiden und verteilen. Spinat waschen, von großen Stielen befreien und kurz blanchieren, gut abtropfen lassen und mit Meersalz und Muskat abschmecken. Auf dem Teig verteilen, ebenso die in Scheiben geschnittenen Tomaten.
Nochmals mit den zuvor angegebenen Gewürzen und mit Käse bestreuen.
Bei 200 bis 220 Grad etwa 30 bis 40 Minuten im Ofen überbacken.

Toast mit Spinat und Ei ▷

4 Scheiben Grahambrot oder anderes leichtes Weizenvollkornbrot
20 g ungehärtete Pflanzenmargarine
1 kleine Gemüsezwiebel
250 g frischer Blattspinat oder ½ Päckchen Tiefkühlkost
Meersalz
geriebene Muskatnuß
Hefewürze (Reformhaus)
4 Eier
1-2 l Essigwasser
1-2 Scheiben Tilsiter (45% F. i. Tr.)
Paprikapulver

Grahambrot leicht vortoasten. Pflanzenmargarine erhitzen, Zwiebel kleinschneiden und darin glasigdünsten. Spinat zugeben und ca. 10 Minuten garen. Mit Salz, Muskat und Hefewürze abschmecken und zum Kochen bringen. Die Eier in einer Schöpfkelle aufschlagen und in das Wasser „gleiten" lassen. Etwa 8 Minuten garen, herausnehmen und auf den Spinat setzen. Mit Käsestreifen belegen und mit Paprikapulver bestreuen. Bei 200 Grad etwa 15 Minuten überbacken.

Toast „italienisch" ▷

4 Scheiben Grahambrot oder anderes leichtes Vollkornbrot
2 El Tomatenmark
1 El Mayonnaise
Meersalz
Knoblauchpulver
Kräuter der Provence
schwarzer Pfeffer
4 mittelgroße Tomaten
2 Scheiben Edamer (40% F. i. Tr.)

Grahambrot leicht vortoasten, Tomatenmark, Mayonnaise, Salz, Knoblauchpulver, Kräuter der Provence und Pfeffer miteinander mischen und das Brot damit bestreichen. Die Tomaten in dünne Scheiben schneiden und verteilen. Mit je einer halben Käsescheibe belegen und bei 200 Grad 15 bis 20 Minuten überbacken.

TIP

Probieren Sie aus Resten von Ihrem selbstgebackenen Brot oder alt gewordenen Semmeln Knoblauchbrot – „für Leute, die die Einsamkeit lieben": In Scheiben schneiden, von einer Seite toasten. Die ungetoastete Seite mit Butter, Kräutersalz und gepreßtem Knoblauch nach Belieben bestreichen und kurz toasten. Oder die getoasteten Brotscheiben mit einer Knoblauchzehe abreiben und anschließend mit Kräuterbutter und etwas Meersalz bestreichen. Dunkles Vollkornbrot kann ebensogut wie Weißbrot getoastet werden – allerdings nur kurz, damit es nicht zu hart wird.

Kasseler im Sonnenrad

▷

250 g Weizenmehl (Type 1050, Reformhaus)
2 El Sesam
250 g Magerquark
Meersalz
250 g ungehärtete Pflanzenmargarine
6 Scheiben Kasseler ohne Knochen
Basilikum, Steakpfeffer
6 kleine Scheiben Ananas
6 gehäufte El geraffelter Käse
1 Eigelb
Sesam zum Bestreuen

Mehl, Sesam, Quark, Salz und Margarine rasch verkneten. Kalt stellen. Vom Kasseler den Fettrand abschneiden. Mit Basilikum und Pfeffer kräftig würzen. Von beiden Seiten kurz in Margarine braten. Abkühlen lassen. Den Teig ausrollen, 6 kleine und 6 größere runde Platten ausstechen. Die kleineren auf ein mit Backpapier belegtes Blech legen und je eine Scheibe Kasseler daraufgeben. Ananas und Käse darauf verteilen. Eigelb mit etwas Wasser verrühren, die Teigränder leicht bepinseln und die großen Teigplatten so darauflegen, daß alles bedeckt ist. Die Ränder mit einer in Mehl getauchten Gabel gut aneinanderdrücken. Mit dem restlichen Eigelb bepinseln und mit Sesam bestreuen. Mit der Gabel einstechen. Im vorgeheizten Ofen bei 200 Grad etwa 25 bis 30 Minuten backen.
Das Rezept ergibt 6 Teile.

Würstchen im Quarkteig

▷

100 g Weizenmehl (Type 550, Reformhaus)
50 g Weizenmehl (Type 1050, Reformhaus)
½ Tl Weinsteinbackpulver
150 gut ausgedrückter Magerquark
125 g ungehärtete Pflanzenmargarine
1 Prise Meersalz
1 Eigelb
8 Würstchen
100 g Salami
Kümmel

Mehl, Backpulver, Quark, Salz und Margarine zu einem Teig verkneten, kalt stellen. Etwa ½ cm dick zu einem Rechteck ausrollen. In 3 cm breite Streifen radeln, mit Eigelb bepinseln. Würstchen mit je 3 Scheiben von der Salami belegen und mit Teigstreifen umwickeln (die bestrichene Seite nach innen). Auf ein gefettetes Backblech legen. Mit dem restlichen Eigelb bestreichen, mit Kümmel bestreuen und im vorgeheizten Ofen bei 200 Grad etwa 20 Minuten backen.

Der Teig ergibt etwa 8 Teile.

Hirse-Sesam-Pudding

200 g Hirse
0,2 l Wasser
0,4-0,5 l Milch
Schale einer unbehandelten Zitrone
1 Prise Meersalz
1 Becher saure Sahne (150 g)
1 Prise Naturvanille (Reformhaus)
3 Eier
3 El Honig
50 g Sesam

Hirse in ein Sieb geben und kurz unter fließendem Wasser waschen. Wasser und Milch zum Kochen bringen, Zitronenschale, Salz und die Hirse hineingeben. Aufkochen und ausquellen lassen. Saure Sahne, Eigelb, Vanillezucker, Honig und den kurz in der Pfanne angerösteten Sesam vermengen. Eiweiß zu Schnee schlagen und mit Sahnemasse und Hirse vermischen. Die Masse in eine gefettete Puddingform geben. Deckel schließen und im Wasserbad etwa eine Stunde garen (oder in einer gefetteten Auflaufform im Backofen überbacken).

Dazu paßt eine Fruchtsauce, frischer Obstsalat oder eingeweichtes Trockenobst.

Johannisbeerauflauf mit gerösteten Haferflocken

300 g Magerquark
2 Eier
½ Päckchen Vanillesaucenpulver
2 El Créme fraîche
3 El Ahornsirup (Reformhaus)
300 g rote Johannisbeeren
30 g ungehärtete Pflanzenmargarine oder Butter
150 g grobe Haferflocken
1-2 El Vollrohrzucker

Quark mit Eigelb, Vanillesaucenpulver, Créme fraîche und Ahornsirup verrühren. Fett in der Pfanne erhitzen und die Haferflocken darin goldgelb rösten. Den Zucker zugeben und rühren, bis er sich aufgelöst hat. Johannisbeeren waschen und abzupfen, Eiweiß zu Schnee schlagen, alles miteinander mischen und in eine gefettete Auflaufform füllen. Bei 200 bis 220 Grad etwa 40 Minuten überbacken. Sollte der Auflauf schon frühzeitig braun werden, dann bitte mit Alufolie abdecken.

Dazu paßt eine Vanille-Sahne-Sauce.

Obst-Wähe

▷

100 g kernige Haferflocken (Reformhaus)
25 g Butter
0,4 l Milch
30 g gelber Leinsamen (Reformhaus)
3 Eigelb
2 Eier
3 El flüssiger Honig
400 g blaue Weintrauben (möglichst kernlos)
1 Banane
etwas Zitronensaft
1 Kiwi
200 g Erdbeeren
2 El Kokosflocken (Reformhaus)

Die Haferflocken in der Butter leicht rösten, dann auf dem Boden einer Tarte-Form verteilen. Die Milch mit dem Leinsamen, Eigelb, Eiern und dem Honig verquirlen, ohne daß dabei Schaum entsteht. Die Masse auf die Haferflocken gießen. Die Trauben waschen, von den Stielen zupfen. Banane schälen, in Scheibchen schneiden, mit Zitronensaft beträufeln. Die Kiwi schälen und in Scheiben schneiden, die Erdbeeren behutsam waschen und abtropfen lassen. Das Obst in der Form verteilen. Die Wähe im vorgeheizten Ofen bei 180 Grad etwa 45 Minuten backen, bis die Creme gestockt ist. Etwas abkühlen lassen, dann mit den Kokosflocken bestäuben und servieren.

Himbeergrütze mit Roggen *(Abb. S. 77)*

80-100 g Roggen, grob geschrotet
1 l Wasser
1 Prise Meersalz
1 Prise Zucker
ca. 300 g Himbeeren (oder andere Beeren)
etwas Honig
Zitronensaft
0,125 l Sahne

Roggen in kochendes Wasser geben, mit Salz und Zucker etwa 30 Minuten quellen lassen. Abkühlen, die gewaschenen Früchte unterrühren, mit Honig süßen und Zitronensaft dazugeben. In tiefe Teller füllen und mit kalter, flüssiger Sahne servieren.

TIP

Jemand, der rein vegetarisch lebt oder eine Ei-Allergie hat, kann die in den Rezepten angegebenen Eier durch Sojamehl ersetzen. Ein El Sojamehl, in etwa zwei El kaltem Wasser angerührt, ersetzt dabei ein Ei. Verwendet man Sojamehl statt Ei, dann sollte die Fettmenge des Rezeptes etwas reduziert werden.

Rhabarber-Reis-Auflauf

▷

ca. 750 g Rhabarber
Schale einer unbehandelten Zitrone
0,5 l Milch (1,5% F.)
1 Prise Meersalz
Vanillepulver
20 g Butter
120 g Rundkorn-Naturreis (Reformhaus)
4 Eier
100 g Honig
100 g Mandelstifte

Rhabarber waschen, putzen und in Stücke schneiden. Mit der Schale von einer ungespritzten Zitrone im eigenen Saft halb gar dünsten. Saft zurückbehalten. Die Milch mit Salz, Vanille und Butter zum Kochen bringen, den Reis hinzugeben und bei kleiner Flamme etwa 35 Minuten ausquellen und anschließend abkühlen lassen. Eigelb und Honig schaumig rühren. Alles miteinander vermengen. Mandelstifte zugeben und zum Schluß den geschlagenen Eischnee unterheben. Die Masse in eine ausgefettete Auflaufform füllen. Im vorgeheizten Backofen bei 200 Grad etwa 45 Minuten backen.

Rhabarbertörtchen mit Vanillebaiser

▷

Teig:
220 g Weizenvollkornmehl, fein
1 Prise Meersalz
abgeriebene Schale einer ungespritzten Zitrone
150 g weiche Butterflöckchen
3 El Honig
2 Eigelb

Belag:
50 g grobgehackte Nüsse
500-600 g Rhabarber
3 El Honig
2 Eiweiß
Vanillepulver

Alle Teigzutaten zu einem weichen Knetteig verarbeiten. Kurz kühl stellen und dann in die Förmchen drücken. Mit Nüssen bestreuen und bei 200 Grad etwa 10 bis 15 Minuten vorbacken. Zwischenzeitlich Rhabarber putzen, waschen und in kleine Scheiben schneiden. Tropfnaß in den Topf geben und etwa 3 Minuten dünsten. Mit Honig süßen (Brühe zum Trinken zurückbehalten) und auf dem vorgeheizten Boden verteilen. Eiweiß mit Vanille sehr steif schlagen und auf die Törtchen spritzen. Bei 180 Grad etwa 25 Minuten backen.

TIP

Statt Rhabarber können Sie für dieses Rezept auch Stachelbeeren oder ähnliche säuerliche Früchte verwenden – ein interessantes Sommerdessert!

Gefüllte Melone mit Mais

2 kleine Honigmelonen
1 kleine Dose Gemüsemais
½ grüne Paprikaschote
evtl. 2-3 Sojaschnitten (Reformhaus)
2 El Sonnenblumen-Kaltpreßöl (Reformhaus)
etwas Zitronensaft
Meersalz
Hefewürze (Reformhaus)
Pfeffer
gehackte Petersilie

Melonen in der Mitte teilen und aushöhlen. Die Kerne entfernen und das Fruchtfleisch in kleine Würfel schneiden, ebenso die Paprikaschote und Sojaschnitten. Alles mit Sonnenblumenöl, Zitronensaft, Meersalz, Hefewürze und Pfeffer würzen und mit gehackter Petersilie bestreuen.

Aprikosenknödel

250 g Magerquark
abgeriebene Schale einer unbehandelten Zitrone
1 Prise Meersalz
2 Eier
200 g Weizenmehl (Type1050, Reformhaus)
ca. 16 reife Aprikosenhälften
50 g ungehärtete Pflanzenmargarine (Reformhaus)
4-6 El Vollkornsemmelbrösel (Reformhaus)
etwas Zimt
evtl. etwas Vollrohrzucker

Magerquark, abgeriebene Zitronenschale, Meersalz, Eier und Mehl gut miteinander verrühren, damit ein geschmeidiger Teig entsteht. Die Aprikosen waschen und halbieren. Aus dem Teig ca. 16 Knödel formen, in die Mitte die Aprikosen einarbeiten (wenn der Teig klebt, sollten die Hände leicht mit Mehl bestäubt werden). Die Knödel in 2 l leicht kochendes Salzwasser geben und bei kleiner Flamme 20 bis 25 Minuten ziehen lassen. Fett in der Pfanne zerlaufen lassen, Semmelbrösel zugeben und leicht anrösten. Zusammen mit Zimt und Zucker über die Knödel geben.

TIP

Statt Aprikosen passen auch frische oder getrocknete Zwetschgen in die Knödel. Zusammen mit einer herzhaften Vorsuppe ergeben sie ein vollständiges Mittagessen – besonders bei Kindern beliebt.

Zwetschgenknödel

750 g Magerquark
1 Prise Meersalz
100 g Weizenmehl (Type 1050, Reformhaus)
oder leicht ausgesiebter Weizenschrot (Reformhaus)
2 Eier
20 g Butter
16 reife süße Zwetschgen
0,125 l Sahne
40 g Honig
1 Prise Zimt
3-4 El gehackte Mandeln

Den Quark in ein Sieb geben und abtropfen lassen. Etwa 200 g zurückbehalten. Den Rest mit Salz, Mehl, Eiern und der weichen Butter verrühren. Den Teig zu einer dicken Rolle formen (mit bemehlten Händen), die Rolle in Alufolie einschlagen und eine Stunde im Kühlschrank aufbewahren. Die Zwetschgen waschen und entsteinen. Die Quarkteigrolle in etwa 16 Stücke schneiden. Die Teigstücke leicht auf einem bemehlten Blech aufdrücken, bis sie groß genug sind, um eine Zwetschge einzuhüllen. Dann Knödel formen, die Nahtstelle gut zusammendrücken. In einem großen Topf Wasser zum Kochen bringen, salzen und die Knödel darin bei kleiner Flamme etwa 15 bis 20 Minuten köcheln lassen. Wenn sie oben schwimmen, sind sie gar.
Den restlichen Quark mit der Sahne, Honig und Zimt cremig rühren und über die Knödel ziehen. Mit gehackten Mandeln bestreuen.

Zwetschenknödel können als Hauptgericht serviert werden.

Zwetschgenmus

200-250 g Zwetschgen
1-2 El Honig
1 Tl Essig
1 Tl Sojasauce (Reformhaus)
etwas Nelkenpulver

Zwetschgen waschen, entsteinen und mit den übrigen Zutaten in den Mixer geben oder mit dem Pürierstab zerkleinern. Zwetschgenmus ist als Beilage zu pikanten Reisgerichten gedacht.

Toast mit Birnen und Preiselbeeren *(Abb. s. 67)*

4 Scheiben Grahambrot oder anderes leichtes Vollkornbrot
20 g ungehärtete Reformhaus-Pflanzenmargarine
6-8 Birnenhälften aus der Dose
2 El Preiselbeeren gesüßt a. d. Glas
1 Camembert 30% F. i. Tr. (120 g)

Grahambrot leicht vortoasten, abkühlen lassen und mit Margarine bestreichen. Birnenhälften gut abtropfen lassen, evtl. mit Küchentuch abtupfen und zusammen mit den Preiselbeeren auf dem Toast verteilen. Mit Camembertscheiben belegen und bei 220 Grad ca. 15-20 Minuten überbacken.

TIP

Getreide in unserer Ernährung: Getreideprodukte enthalten sehr wenig Fett und einfache Kohlenhydrate (Zucker) und kaum Natrium. Dagegen liefern sie komplexe Kohlenhydrate (Stärke) und viel pflanzliches Eiweiß. Vollkornprodukte enthalten ferner sehr viele Mineralstoffe (Calcium und Eisen) sowie Vitamine der B-Gruppe. Daneben sind sie eine unserer wichtigsten Quellen für Spurenelemente. Das Getreidefett liefert u.a. lebenswichtige ungesättigte Fettsäuren. Ebenso wichtig ist ihr Gehalt an Ballaststoffen, die eine gut funktionierende Verdauung sichern.

Abb S. 81 ▷
Beschwipster Apfelkuchen
Adventskuchen
(Rezepte S. 84 und S. 100)

Flotte Rühr- und Blechkuchen

Zimtkuchen

100 g Trockenaprikosen ohne Kern, gehackt
200 g Butter
150 g Honig
3 Eier
3 Tl Zimt
150 g geriebene Mandeln
Vanillepulver
1 El Rum
200 g Weizenvollkornmehl, fein
3 Tl Weinsteinbackpulver
1 Prise Meersalz
2 feste Birnen
Kuvertüre

Eier trennen. Eiweiß steif schlagen. Butter mit dem Honig zu einer cremigen Masse rühren, Eigelb, Zimt, Vanille und Rum zufügen. Mehl, Salz und Backpulver mischen. Die geriebenen Mandeln, die Aprikosen und anschließend die Mehlmischung unter die Creme rühren. Die Birnen schälen, entkernen und fein raspeln. Unter den Teig heben. Schließlich das Eiweiß unterheben. Den Teig in eine gefettete Kastenform füllen und bei 190 Grad etwa 60 Minuten backen. Den fertigen Kuchen mit der geschmolzenen Kuvertüre bestreichen.

Bananenkuchen

▷

150 g ungehärtete Pflanzenmargarine oder Butter
80-100 g Honig
2-3 Eier
1 Prise Meersalz
3 mittelgroße, gut ausgereifte Bananen
100 g Kürbiskerne oder Sonnenblumenkerne
evtl. 3-4 El Rum
250 g Weizenvollkornmehl
1 gehäufter Tl Weinsteinbackpulver
etwas flüssigen Honig
2-3 El Kokosraspeln

Aus Margarine oder Butter, Honig und Eiern eine Schaummasse herstellen. Meersalz zugeben.
Die Bananen pürieren oder mit der Gabel gut zerdrücken, mit Rum beträufeln und zu der Schaummasse geben, ebenso die Kürbis- oder Sonnenblumenkerne. Mehl mit Backpulver vermischen und unterrühren. Den Teig in eine gefettete Kastenform füllen und im vorgeheizten Backofen bei 180 bis 200 Grad etwa 60 Minuten backen.
Den noch warmen Kuchen mit Honig bestreichen und mit leicht angerösteten Kokosflocken bestreuen.

Beschwipster Apfelkuchen *(Abb. S. 81)*

Teig:
100 g Butter
2 Eier
80 g Vollrohrzucker
1 El Milch
200 g Weizenvollkornmehl, sehr fein
2 Tl Weinsteinbackpulver
30 g gehackte Mandeln

Belag:
750 g säuerliche Äpfel
100 g Apfelgelee oder Aprikosenkonfitüre
2 El Cognac

Eier trennen. Eiweiß steif schlagen. Die weiche Butter mit dem Zucker, den Eiern und der Milch cremig rühren. Mit Mehl, Backpulver und Mandeln mischen. Teig auf ein gefettetes Backblech streichen (gibt etwa ein halbes Blech). Die Äpfel schälen, Kerngehäuse entfernen und in feine Spalten schneiden. Die Äpfel in Reihen auflegen. 25 Minuten bei 175 Grad backen. Inzwischen den Cognac mit dem Apfelgelee verrühren und über den halb gar gebackenen Kuchen streichen. Weitere 10 Minuten fertig backen, bis die Oberfläche goldgelb ist.

TIP

Etwas Alkohol im Teig oder Belag gibt ein ganz besonderes Aroma. Statt Cognac können Sie auch Rum verwenden.

Bananenecken

150 g Butter
150 g Honig
abgeriebene Schale einer Zitrone
1 Prise Ingwerpulver
½ Tl Zimt
1 Prise gemahlene Nelken
1 Prise Muskat
3 Eier
250 g Weizenvollkornmehl
2 Tl Weinsteinbackpulver
50 g geriebene Mandeln
4 Bananen
Saft von einer Zitrone

Eier trennen, Eiweiß steif schlagen. Butter mit Honig schaumig rühren, Gewürze und Eigelb einrühren. Mehl mit Backpulver unterarbeiten, Eiweiß unterheben. Die Hälfte des Teiges in eine mit gefettetem Pergament ausgelegte rechteckige Form (etwa 25 cm Kantenlänge) füllen, bei 180 Grad etwa 25 Minuten backen. Die Mandeln in einer heißen Pfanne goldbraun rösten. Bananen in Scheibchen schneiden, mit Zitronensaft und Mandeln vermischen. Die Mischung auf dem vorgebakkenem Teig verteilen. Den restlichen Teig über die Bananen füllen, glattstreichen. Nochmals 25 Minuten goldbraun backen. Nach dem Erkalten in beliebige Dreiecke zerteilen.

Bananenauflauf

100 g Dinkel, fein gemahlen
50 g Maismehl, fein
60 g Haselnüsse, fein gemahlen
Vanillepulver
abgeriebene Schale einer unbehandelten Zitrone
2 El Zitronensaft
75 g Butter
1 El Blütenhonig
400 g säuerliche Äpfel
4 Bananen
2 Tl Butter

60 g Nüsse fein hacken. Zitronensaft- und schale mit Honig und Butter zu einer Creme verrühren, mit der Vanille und den Nüssen zu dem Mehl geben und einen krümeligen Teig rühren. Äpfel entkernen, ungeschält grob raspeln und unter die Streuselmasse mischen. Bananen in Scheiben schneiden und ebenfalls unterheben. In eine gefettete Auflaufform geben. Die restlichen Nüsse auf der Masse verteilen. Bei 200 Grad etwa 30 Minuten backen.

Apfelkuchen mit Guß

▷

Teig:
200 g Weizenvollkornmehl, fein
1 Tl Weinsteinbackpulver
1 Ei
1 Eigelb
1 Prise Meersalz
70 g Honig
150 g kalte Butter

Belag:
5-6 säuerliche Äpfel
2 Eier
2 El Honig
1 Päckchen Vanillezucker
0,1 l Sahne

Mehl und Backpulver mischen, eine Mulde drücken. Ei, Eigelb und Honig leicht verschlagen und in die Mulde gießen. Butterflöckchen auf dem Rand verteilen. Alle diese Zutaten und das Salz zügig zu einem Mürbeteig verkneten. Teig eine Stunde ruhen lassen.
Die Äpfel achteln und entkernen, nicht schälen. Den Teig auf einer bemehlten Fläche ausrollen und eine gefettete Kuchenform damit auslegen. Den Rand hochdrücken. Mit den Apfelspalten belegen. Eier, Honig, Vanille und Sahne verquirlen und über die Äpfel gießen. Bei 200 Grad 30 bis 40 Minuten backen.

Apfel-Butterkuchen

Teig:
500 g Weizenvollkornmehl, fein
40 g Hefe
0,25 l lauwarmes Wasser
1 Tl Honig
100 g Butter
2 Eier
1 Prise Meersalz

Belag:
1 kg säuerliche Äpfel
Saft einer Zitrone
abgeriebene Schale einer unbehandelten Zitrone
0,2 l Sahne
50 g Honig
1 Tl Weizenvollkornmehl
200 g Mandelblättchen

Hefe mit dem Honig in dem Wasser auflösen und kurz gehen lassen. Mit dem Mehl verkneten und eine halbe Stunde gehen lassen. Butter schmelzen, Eier verquirlen und beides zusammen mit dem Salz zu dem Teig geben. Kräftig einige Minuten lang durchkneten. Nochmals gehen lassen.
Die Äpfel schälen und entkernen. In mitteldicke Spalten schneiden und mit Zitronensaft beträufeln. Sahne mit dem Honig kurz aufkochen, dabei ständig rühren. 1 Tl Mehl und Mandeln hinzufügen, die Zitronenschale unterrühren. Den Teig auf ein gefettetes Backblech ausrollen, dabei die Ränder etwas erhöht stehen lassen. Die Apfelspalten in Reihen auflegen und die Mandelmasse darüber verteilen. Bei 200 Grad etwa 45 Minuten backen. Eventuell am Schluß den Kuchen mit Alufolie abdecken, damit die Mandeln nicht zu dunkel werden.

Käsekuchen

▷

Teig:
200 g Mehl
½ Tl Backpulver
40 g Streusüße
Mark einer Vanilleschote
1 Ei
80 g Margarine

Belag:
1 kg Magerquark
6 Eiweiß, 6 Eigelb
80 g Speisestärke
87 g Streusüße
Mark einer halben Vanilleschote
abgeriebene Schale einer unbehandelten Orange
1 Eigelb zum Bestreichen

Aus den Teigzutaten einen Mürbeteig herstellen und Boden und Rand einer Springform (Durchmesser 28 cm) damit auslegen. Mit einer Gabel mehrmals einstechen. 10 Minuten bei 200 Grad vorbacken.

Für den Belag Eiweiß steifschlagen. Restliche Zutaten miteinander verrühren, Eiweiß unterheben. Quarkmasse auf den vorgebackenen Boden geben und mit Eigelb bestreichen. Bei 175 Grad etwa 60 Minuten abbacken.

Käsekuchen im abgeschalteten Backofen bei geöffneter Tür auskühlen lassen.

Rhabarberkuchen mit Nußschaum

Teig:
220 g ungehärtete Pflanzenmargarine (Reformhaus)
150 g Vollrohrzucker
Vanillepulver
1 Prise Meersalz
4 Eigelb
4 El Milch
330 g Weizenvollkornmehl
1 Päckchen Weinsteinbackpulver

Belag:
1 kg Rhabarber
4 Eiweiß
120 g Vollrohrzucker
100 g Nüsse

Für den Teig Margarine, Zucker, Eigelb und Salz schaumig rühren. Anschließend Vanille zufügen. Abwechselnd das mit Backpulver vermischte Mehl und die Milch unterrühren, bis ein einheitlicher Teig entstanden ist. Auf ein gefettetes Backblech streichen.

Den Rhabarber säubern, aber nicht schälen. In etwa 1 cm lange Stücke schneiden und auf dem Boden verteilen. Eiweiß mit dem Zucker sehr steif schlagen. Die Hälfte der Nüsse fein reiben, die andere Hälfte grob hacken. Unter den Eischnee rühren. Die Masse auf dem Kuchen verteilen. Etwa 25 Minuten bei 175 Grad backen.

Mohnkuchen

▷

400 g Weizenvollkornmehl, fein
50 g Vollrohrzucker
etwas Vanillepulver
1 Prise Meersalz
40 g Hefe
0,2 l lauwarme Milch
80 g zerlassene Pflanzenmargarine

0,25 l Milch
125 g Vollrohrzucker
300 g gemahlenen Mohn
1 Päckchen Vanillepuddingpulver
½ Tl Zimt
5 geriebene, bittere Mandeln
50 g Rosinen
1 Ei
40 g gehackte Mandeln

Mehl, Rohrzucker, Vanille, Salz, Hefe, 0,2 l Milch und Margarine zu einem glatten Teig verkneten. An einem warmen Ort zur doppelten Größe aufgehen lassen.

Den Rest der Milch, Rohrzucker, Mohn, Vanillepuddingpulver und Zimt verrühren, mit Bittermandeln aufkochen, vom Herd nehmen und ausquellen lassen, bis die Masse lauwarm ist. Den Teig nochmals durchkneten – eine faustgroße Teigkugel abnehmen –, den Rest auf einem gefetteten Backblech (30 x 40 cm) ausrollen, mehrmals mit einer Gabel einstechen, nochmals kurz aufgehen lassen.

Die Rosinen auf die Teigplatte streuen, Mohnmasse darauf verteilen. Den restlichen Hefeteig durchkneten, ausrollen und in schmale Streifen schneiden. Diese diagonal auf die Mohnmasse legen, nochmals aufgehen lassen. Mit verschlagenem Ei bepinseln und mit gehackten Mandeln bestreuen. Im vorgeheizten Ofen bei 200 Grad etwa 25 Minuten backen.

Birnenkuchen

200 g Vollkornmehl, sehr fein oder Weizenmehl (Type 1050, Reformhaus)
125 g Butter
2 El Honig
Vanillepulver
Meersalz
50 g Kokosraspeln oder gehackte Haselnüsse
750 g weiche Birnen
Saft von 1 Zitrone
2 Eier
2-3 El Ahornsirup oder Honig
2 El Haselnüsse (Reformhaus)
1 Prise Vollrohrzucker

Aus Weizenschrot, Butter, Honig, Vanille, Salz und Kokosraspeln (evtl. noch etwas Wasser) einen Knetteig herstellen. Eine gefettete Springform oder Keramikauflaufform damit auslegen und einen Rand drücken. Bei 200 Grad 15 bis 20 Minuten backen. Birnen schälen, vierteln und mit Zitronensaft beträufeln. Auf dem Teigboden verteilen. Aus Eigelb, Ahornsirup oder Haselnußmus eine Schaummasse herstellen. Eiweiß mit etwas Zucker steifschlagen, unterheben, auf den Birnen verteilen. Anschließend Kuchen nochmals im Ofen überbacken.

Mohn-Streusel-Kuchen

Teig:
360 g Weizenvollkornmehl, fein
etwa 0,25 l lauwarme Milch
40 g Hefe
75 g Vollrohrzucker
75 g Butter
1 Prise Meersalz

Mohnmasse:
125 g Butter
1 l Milch
200 g feine Haferflocken
450 g gemahlener Mohn
200 g Vollrohrzucker
150 g fein gehackte Rosinen
3 Eier
2 Päckchen Vanillezucker
abgeriebene Schale einer unbehandelten Zitrone
1 Tl Zimt
1 Prise gemahlene Nelken

Streusel:
300 g Weizenvollkornmehl, ausgesiebt
220 g Vollrohrzucker
2 Päckchen Vanillezucker
175 g Butter

Hefe mit der Milch vermischen. Zusammen mit der Butter und den trockenen Zutaten zu einem Hefeteig verarbeiten und gehen lassen.
Milch und Butter für die Mohnmasse in einem großen Topf aufkochen. Die gehackten Rosinen zufügen. Haferflocken und Mohn unterrühren und etwas abkühlen lassen. Nun Eier und Gewürze unterschlagen.
Den gegangenen Teig auf ein gefettetes Backblech ausrollen und nochmals an einem warmen Ort gehen lassen. Die Zutaten für die Streusel mischen. Die abgekühlte Mohnmasse gleichmäßig auf dem Hefeteig verteilen, die Streusel darüberstreuen und bei knapp 200 Grad etwa 50 Minuten backen. In rechteckige Schnitten teilen.

Zwetschgenkuchen mit Nuß-Guß ▷

Teig:
175 g Weizenvollkornmehl, fein
½ Tl Weinsteinbackpulver
100 g Butter
1 Prise Meersalz
1 Ei
3 El gemahlene Haselnüsse

Belag:
1 kg Zwetschgen
0,1 l Sahne
2 El Ahornsirup
2 El gemahlene Haselnüsse
Sonnenblumenkerne

3 El Haselnüsse für den Teig in der trockenen Pfanne leicht anrösten. Mehl mit dem Backpulver mischen. Butterflöckchen, Salz, Ei und Nüsse darauf verteilen und alles zügig zu einem Teig verkneten. Eine Stunde ruhen lassen. Eine gefettete Springform mit dem Teig auslegen und einen Rand drücken.
Die entsteinten und halbierten Zwetschgen dicht an dicht auf den Teig setzen. Sahne mit dem Ahornsirup und den Nüssen verrühren und über den Kuchen gießen. Eventuell mit einigen Sonnenblumenkernen bestreuen. Bei 200 Grad etwa 35 bis 40 Minuten backen.

Fruchtiger Pflaumenkuchen

Teig:
200 g Weizenvollkornmehl, fein
½ Päckchen Trockenbackhefe
1 Prise Meersalz
0,125 l Milch
300 g Butter
80 g Vollrohrzucker

Belag:
700 g rote Pflaumen (oder Zwetschgen)
0,125 l Milch
1 El Speisestärke
50 g Vollrohrzucker
2 Eigelb

Die trockenen Zutaten für den Teig mischen. Restliche Zutaten einarbeiten und eine halbe Stunde gehen lassen. Noch einmal gut durchkneten. Den Teig auf ein gefettetes Backblech rollen (gibt ein halbes Blech). Die gewaschenen, entsteinten, geviertelten Pflaumen darauf verteilen. Wieder gehen lassen. Bei 200 Grad etwa 20 Minuten backen.
Inzwischen den Guß vorbereiten: Alle Zutaten verrühren und kurz aufkochen lassen. Über den Kuchen verteilen. Noch etwa 10 Minuten fertigbacken.

Obstkuchen mit Erdnußcreme Alabama

▷

Teig:
250 g Magerquark
8 El Milch (3,5 % Fett)
8 El Erdnußöl
75 g Vollrohrzucker
abgeriebene Schale einer halben unbehandelten Zitrone
400 g Weizenvollkornmehl
½ Päckchen Weinsteinbackpulver

Belag:
0,5 l Milch
70 g Weizenvollkornmehl
50 g Vollrohrzucker
Vanillepulver
1 Prise Meersalz
2 Eier
150 g frische Erdnußkerne (entspricht ca. 300 g Erdnüssen in der Schale)
Saft einer halben Zitrone
1,2 kg Äpfel
Birnen und Zwetschgen gemischt

Den Quark mit der Milch, dem Öl, dem Zucker und der Zitronenschale verrühren. Das Mehl und das Backpulver mischen und in zwei oder drei Portionen unterrühren. Den Teig auf einem gefetteten Backblech mit den Händen auseinanderdrücken, bis er das ganze Blech bedeckt.

Für die Creme die Milch mit dem Mehl, dem Zucker, dem Vanillepulver und dem Salz kräftig verrühren. Unter Rühren aufkochen und bei schwacher Hitze kochen lassen, bis die Masse dick wie Pudding ist. Abkühlen lassen. Die Erdnüsse schälen und die roten Kernhüllen entfernen. Eigelb, die gemahlenen Erdnüsse und den Zitronensaft untermischen. Eiweiß steif schlagen und unterziehen. Die Creme auf dem Teigboden glattstreichen. Das Obst vorbereiten, zerkleinern und gleichmäßig auf der Creme verteilen. Den Kuchen bei 190 Grad etwa 50 Minuten backen.

Biskuitschnitte mit Aprikosen-Pistaziencreme ▷

Biskuitboden:
5 Eiweiß
150 g Vollrohrzucker
Vanillepulver
5 Eigelb
75 g Weizenvollkornmehl, sehr fein, ausgesiebt
1 Tl Weinsteinbackpulver
75 g Speisestärke

Füllung:
250 g Sahnejoghurt
1 kleine Dose Aprikosen (Reformhaus)
3-4 El Vollrohrzucker
1 Schnapsgläschen Aprikosenlikör oder Zitronensaft
25 g Pistazien, gehackt
6 Blatt Gelatine
0,2 l Sahne
5 El Aprikosenkonfitüre

Für den Biskuitboden Eier trennen, Eiweiß steif schlagen, Zucker und Vanille unter Weiterschlagen langsam einrieseln lassen. Eigelb und durchgesiebtes Mehl, Backpulver und Speisestärke vorsichtig unterheben. Biskuitteig auf ein mit Backpapier ausgelegtes Backblech verteilen, glattstreichen und bei 225 Grad 12 bis 15 Minuten goldgelb backen. Anschließend stürzen, Backpapier lösen und die Fläche der Biskuitplatte halbieren. Für die Füllung Sahnejoghurt in eine Rührschüssel geben. Die Aprikosen auf einem Sieb gut abtropfen lassen, dann die Hälfte davon pürieren, die andere Hälfte in Stücke schneiden. Beides zum Joghurt geben, mit Zucker und Likör bzw. Saft abschmecken. Pistazien einstreuen. Gelatine einweichen, dann ausdrücken und auflösen. Die Joghurt-Aprikosenmasse damit gelieren und kalt stellen. Wenn die Joghurtmasse halbfest ist, steif geschlagene Sahne unterziehen. Die eine Hälfte des Biskuitbodens damit bestreichen, die zweite Hälfte daraufsetzen. Aprikosenkonfitüre erwärmen und die Kuchenoberfläche damit bestreichen. Mit restlichen Pistazien bestreuen. Nach Belieben mit weiterer Sahne verzieren.

TIP

Es gibt mehrere Methoden, Gebäck am Festbacken zu hindern. Brote und Brötchen werden meist auf ein gemehltes oder gefettetes Backblech gelegt. Am besten läßt sich etwas Speiseöl mit einem Backpinsel auf dem Blech verteilen. Für Plätzchen und Kleingebäck wird das Blech mit einem Stück Butter dünn eingerieben, ebenso für Blechkuchen. Kuchenformen ölen oder fetten Sie ebenfalls gründlich ein, besonders Ecken. Für feine Kuchen werden sie zusätzlich mit geriebenen Mandeln, Biskuit- oder Semmelbröseln ausgestreut. Biskuitböden bäckt man auf einer Unterlage aus mit Butter eingefettetem Pergamentpapier, das man direkt nach dem Backen vom heißen Boden ziehen kann.

Pumkin Pie

Teig:
120 g Weizenvollkornmehl, sehr fein, ausgesiebt
75 g Butterschmalz
1 El Sonnenblumenöl
1 Prise Meersalz
1 Tl Zitronensaft
¼ Päckchen Weinsteinbackpulver
¼ Tasse kaltes Wasser

Füllung:
1 kg Kürbisfleisch
3 El Wasser
250 g Vollrohrzucker
2-3 Eier
1 Päckchen Vanillezucker
2 Tl Zimt
1 Prise gemahlene Nelken
1 Prise Muskatblüte
1 Prise Piment
0,1 l Sahne

Aus den oberen Zutaten, mit dem Fett beginnend, einen geschmeidigen Teig kneten. Eventuell noch mehr Wasser zufügen.
Kürbisfleisch in Würfel schneiden und mit dem Wasser in einem großen Topf weich dünsten. Auf einem Sieb erkalten lassen. Eier mit dem Zucker schaumig rühren, Gewürze und Sahne dazugeben und mit dem Kürbismus zu einem dünnen Brei verrühren. Den Teig in eine gefettete Springform drücken, einen Rand stehen lassen. Die Kürbismasse auf den Boden streichen und bei gut 200 Grad etwa 60 Minuten backen.

TIP

In Amerika gehört Pumkin Pie zum festlichen Menü am Thanksgiving-Day. Schneiden Sie einen ganzen Kürbis nur oben auf und schälen Sie das Fruchtfleisch mit einem Löffel heraus. Aus der Schale läßt sich dann noch ein dekoratives Kürbisgesicht schnitzen.

Florentiner Blechkuchen mit Ananas und Bananen ▷

Teig:
125 g Butter
150 g Rohrzucker
3 Eier
350 g Weizenvollkornmehl
½ Päckchen Weinsteinbackpulver
2-3 El Milch

Belag:
1 kleine Dose Ananasringe (425 ml)
6 kleine feste Bananen
Saft einer halben Zitrone

Guß:
125 g Butter
200 g Rohrzucker
1 Tl abgeriebene Schale einer unbehandelten Zitrone
1 Prise Meersalz
nach Belieben kandierte oder getrocknete Kirschen
100 g Walnüsse
100 g Haselnüsse gehobelt

Teigzutaten zu einem festen Rührteig verarbeiten und auf ein Backblech oder in eine Fettpfanne streichen. Für den Belag Ananasringe gut abtropfen lassen, Bananen schälen und mit Zitronensaft beträufeln. Früchte auf dem Teig verteilen. Für den Guß Butter und Zucker erwärmen, Zitronenschale und Salz zufügen. Belegkirschen grob zerkleinern, zusammen mit den Walnußstücken und den gehobelten Haselnüssen untermengen und gleichmäßig auf dem Obstkuchen verteilen. Bei 175 Grad etwa 45 bis 50 Minuten backen.

Adventskuchen

100 g Butter
3 Eigelb
Vanillepulver
200 g Vollrohrzucker
2 Messerspitzen Zimt
1 Messerspitze gemahlene Nelken
150 g Weizenvollkornmehl
2 Tl Weinsteinbackpulver
2 El Milch
1 El Rum
2 Eiweiß
75 g gemahlene Haselnüsse
75 g Aprikosenkonfitüre
40 g Zartbitterschokolade

Butter mit dem Schneebesen des elektrischen Handrührgerätes schaumig rühren. Eigelb, Vanille, Zucker und Gewürze unterrühren. Das mit Backpulver vermischte, gesiebte Mehl abwechselnd mit Milch und Rum unterrühren. Eiweiß sehr steif schlagen, mit den gemahlenen Haselnüssen unter den Teig heben. Den Teig in eine mit Backpapier ausgelegte Kastenform (Länge 26 cm) füllen und im vorgeheizten Backofen etwa 45 Minuten bei 175 Grad backen. Aprikosenkonfitüre mit 1 El Wasser aufkochen. Den fertigen Kuchen auf ein Kuchengitter stürzen und mit der Aprikosenglasur bestreichen. Schokolade im Wasserbad auflösen. Den erkalteten Kuchen damit überziehen.

Früchtekuchen mit Mandeln

4 Eier
4-5 El Honig
Vanillepulver
1 Tl Zimt
1 Prise Nelken
150 g Haselnüsse
250 g getrocknete Feigen
150 g Weinbeeren
100 g gewürfeltes Zitronat
175 g Weizenvollkornmehl, sehr fein gemahlen
1 gehäufter Tl Weinsteinbackpulver
100 g halbierte Mandeln

Aus Eiern, Honig, Vanillezucker und den Gewürzen eine Schaummasse rühren, bis eine dickliche, zähe Creme entsteht. Die Haselnüsse, die geschnittenen Feigen, die Weinbeeren und das gewürfelte Zitronat zugeben. Das Mehl mit dem Backpulver vermischen und gründlich mit der Schaummasse verrühren. In eine gefettete Springform füllen, die Oberfläche glattstreichen und mit den halbierten Mandeln dicht belegen. Im vorgeheizten Backofen bei 175 Grad 60 Minuten backen.
Falls der Teig nach einiger Zeit zu braun geworden ist, mit Alufolie abdecken. Das Rezept ergibt 12-16 Stücke.

TIP

Der Kuchen entfaltet sein volles Aroma erst nach einigen Tagen. Sie sollten ihn gut verpackt in Alufolie aufbewahren.

Tarte mit Birnen

Teig:
150 g Weizenvollkornmehl
135 g Butter
30 g Zucker
30 g gemahlene Mandeln
Vanillepulver
1 Prise Meersalz
1 Prise Zimt
1 Ei

Belag:
3 Birnen
2 Eier
1 El Honig
100 g Sauerrahm
1 El Mandelblättchen

Die trockenen Zutaten mischen. Aus allen Zutaten einen Mürbeteig herstellen. Eine halbe Stunde im Kühlschrank ruhen lassen. Auf einer bemehlten Fläche ausrollen und in eine gefettete Springform legen. Einen fingerhohen Rand stehen lassen. 15 Minuten bei 190 Grad backen.

Die Birnen schälen, in Spalten schneiden und auf den heißen Boden legen. Eier trennen, Eiweiß steif schlagen. Die restlichen Zutaten bis auf die Mandeln zu einem Guß vermischen, den Eischnee zum Schluß unterheben. Guß auf den Birnen verteilen. Bei 175 Grad etwa 25 Minuten fertigbacken. Kurz vor Ende der Backzeit mit den Mandelblättchen bestreuen. Schmeckt warm und kalt.

Rosinenschnecken

▷

Teig:
500 g Weizenvollkornmehl, fein
60 g Hefe
0,25 l Milch, evtl. etwas mehr
2 El Honig
1 Prise Meersalz
1 Ei
50 g Butter

Füllung:
5 El Haselnußmus (Reformhaus)
4 El Honig
100 g Rosinen
125 g grob gehackte Haselnüsse
1 Tl Zimt
1 Eigelb

Hefe in etwas Milch anrühren, mit dem Mehl, der restlichen Milch, Honig, Salz und der weichen Butter zu einem geschmeidigen Teig verkneten. Knapp eine Stunde an einem warmen Ort gehen lassen. Den Teig auf einer bemehlten Platte auswellen, mit Nußmus und Honig bestreichen. Die Rosinen, gehackten Nüsse und den Zimt gleichmäßig darüberstreuen. Die Teigplatte wie einen Strudel aufrollen und in dicke Scheiben zerteilen. Die auf diese Art entstandenen Schnecken dicht an dicht in eine gefettete Springform setzen und mit dem verquirlten Eigelb bestreichen. Bei 200 Grad etwa 40 Minuten backen.

Kürbiskuchen mit Ahorncreme

▷

Teig:
300 g Kürbisfleisch
200 g Butter
150 g Akazienhonig
1 Prise Meersalz
4 Eier
1 Tl Zimt
1 Messerspitze gemahlene Nelken
Schale einer unbehandelten Zitrone
150 g gemahlene Haselnüsse
250 g Weizenvollkornmehl, fein
1 Tl Weinsteinbackpulver

Füllung
0,25 l Sahne
½ Tl Biobin
4 El Ahornsirup
3 El Kürbiskerngranulat oder gehackte Kürbiskerne zum Garnieren

Das gesäuberte Kürbisfleisch grob raspeln. Eier trennen. Eigelb, Butter, Honig, Salz, Gewürze und Zitronenschale gut schlagen, bis eine schaumige Masse entsteht. Kürbis, Eimasse, das mit Backpulver vermischte Mehl und die Haselnüsse unterrühren. Eiweiß steif schlagen und ebenfalls unterheben. Den Teig in eine gefettete Kastenform füllen und etwa 50 Minuten bei 200 Grad backen. Auskühlen lassen und der Länge nach durchschneiden.
Die Sahne zusammen mit dem Ahornsirup und dem Biobin steif schlagen. Die untere Kuchenhälfte mit einem Teil der Creme bestreichen, die obere Hälfte aufsetzen und den Kuchen mit dem Rest der Creme bestreichen. Mit dem Kürbiskerngranulat bestreuen.

Vollkornsavarin

250 g Weizenvollkornmehl, fein gemahlen, ausgesiebt
1 Päckchen Trockenhefe
1 Prise Meersalz
0,125 l Milch
3 El Honig
75 g Butter
3 Eier
0,25 l Traubensaft oder anderer Fruchtsaft

Das Mehl mit Trockenhefe und Salz vermischen. Milch, Honig und Butter erwärmen, bis eine einheitliche Flüssigkeit entstanden ist. Die Eier verquirlen. Alle Zutaten zu einem weichen Teig verkneten (am besten mit dem Knethaken des Handrührgerätes). An einem warmen Ort gehen lassen, bis sich das Teigvolumen verdoppelt hat. In eine gefettete Ringform füllen. Nochmals kurz gehen lassen. Bei 175 Grad etwa 30 Minuten backen. Den Ring aus der Form lösen, mehrmals einstechen und mit dem Fruchtsaft tränken.

TIP

Zu diesem klassischen französischen Dessert wird meist ein Obstsalat oder Kompott serviert, das man in die Mitte des Ringes füllt. Probieren Sie einmal eine Füllung aus Himbeeren mit Bananensahne (2 Bananen mit 1 El Honig und Vanillepulver pürieren, unter 0,2 l Schlagsahne heben).

Napfkuchen

200 g Butter
125 g Vollrohrzucker
1 Prise Meersalz
1 Päckchen Vanillezucker
1 El Arrak
4 Eier
300 g Roggenvollkornmehl
50 g Sojamehl, fettarm
½ Päckchen Weinsteinbackpulver
0,125 l Milch
100 g Sonnenblumenkerne
100 g Rosinen

Die weiche Butter mit Meersalz, Zucker, Vanillezucker und Arrak verrühren. Eier einzeln zufügen und weiterrühren. Roggen- und Sojamehl mit dem Backpulver vermischen und weiterrühren, bis ein einheitlicher Teig entstanden ist. Milch, Rosinen und Sonnenblumenkerne untermischen. Der Teig soll weich vom Löffel fallen. Eventuell noch etwas Milch beigeben. Den fertigen Teig in eine gefettete Napfkuchenform füllen und eine halbe Stunde quellen lassen. Auf der untersten Schiene etwa 60 bis 90 Minuten bei 175 Grad backen.

TIP

Napfkuchen gehören zu den ältesten Kuchensorten und erinnern an die „Gute alte Zeit". Früher wurden sie am Samstag gebacken und zum Sonntagskaffee serviert.

Festlicher Gugelhupf

400 g Weizenmehl (Type 1050, Reformhaus)
40 g Hefe
knapp 0,25 l lauwarme Milch
2 Päckchen Vanillezucker
4 Eier
1 Prise Meersalz
150 g Butter

0,1 l Weißwein
0,25 l Wasser
4 El Blütenhonig
3 El gehackte Pistazien

Mehl in eine Schüssel sieben, in der Mitte eine Mulde drücken. Hefe mit der Milch verquirlen und in die Mulde gießen. Mit etwas von dem Mehl verrühren und gehen lassen, bis sich Bläschen bilden. Butter erwärmen und mit Eiern, Salz und Vanillezucker schaumig rühren. Butter-Eier-Masse zu dem Mehl rühren und alles zu einem flüssigen Teig verarbeiten. Eine halbe Stunde gehen lassen.
Nochmals gut rühren und in eine gefettete Gugelhupfform füllen. Knapp eine halbe Stunde in der Form gehen lassen. Etwa 50 Minuten bei 200 Grad backen.
Weißwein, Wasser und Honig in einem sehr großen Topf erwärmen, in den auch der Gugelhupf hineinpaßt. Den kalten Kuchen kopfüber in die Flüssigkeit legen, bis er sie ganz aufgesogen hat. Auf eine Kuchenplatte stürzen und mit Pistazien garnieren.
Sie können diesen ganz besonderen Gugelhupf mit eingemachten Früchten und Sahne auch zum Dessert servieren.

Napfkuchen mit Weizenkleie

225 g Butter
100 g Streusüße
1 Prise Meersalz
Mark einer Vanilleschote
abgeriebene Schale einer unbehandelten Zitrone
4 Eier
220 g Weizenvollkornmehl, fein
½ Tl Weinsteinbackpulver
50 ml Wasser

Margarine mit Streusüße, Salz, Vanillemark, Zitronenschale und Eiern schaumig rühren. Weizenmehl, Weizenkleie und Backpulver mischen, eßlöffelweise unterrühren. Wasser zufügen. Teig in eine ausgefettete Napfkuchenform füllen. Bei 175 Grad etwa 45 Minuten abbacken.

Altmodischer Gugelhupf

500 g Dinkelvollkornmehl, sehr fein
40 g Hefe
0,2 l Milch
1 Prise Meersalz
125 g Honig
Vanillepulver
150 g Butter
2 Eier
100 g Rosinen
50 g geriebene Mandeln
2 El Butter
30 g gehackte Mandeln

Lauwarme Milch mit dem Honig und der Hefe verrühren. Aus allen Zutaten (außer 2 El Butter und 30 g gehackte Mandeln) einen Hefeteig zubereiten und gut eine Stunde gehen lassen. In eine mit der Butter eingefettete, mit den restlichen Mandeln ausgestreute Gugelhupfform geben. Bei 175 Grad etwa 70 bis 80 Minuten backen.

Butterkuchen

Teig:
500 g Weizenvollkornmehl, fein
40 g Hefe
0,2 l lauwarme Milch
1 Ei
100 g Butter
100 g Vollrohrzucker

Belag:
100 g Butter
75 g Vollrohrzucker
1 Tl Zimt
1 Vanillezucker
200 g Mandelblättchen
0,125 l Sauerrahm

Die Hefe in der Milch auflösen, zusammen mit dem verquirlten Ei, der weichen Butter und den restlichen Zutaten zu einem geschmeidigen Hefeteig verarbeiten. Gut durchkneten und eine Stunde an einem warmen Ort gehen lassen. Wieder durchkneten, auf ein gefettetes Backblech rollen und nochmals gehen lassen. Mit einer Gabel etwa alle 2 cm einstechen. Mit der zerlassenen Butter beträufeln. Zucker, Vanille und Zimt mischen, zusammen mit den Mandelblättchen auf den Kuchen streuen. Zum Schluß den Sauerrahm darüber verteilen. Bei 200 Grad etwa 40 Minuten backen.

Gewürzkuchen mit Cashewnüssen

190 g weiche Butter
90 g Vollrohrzucker
3 Eier
1 Tl Zimt
¼ Tl Koriander
¼ Tl Kardamom
¼ Tl gemahlene Muskatnuß
1 Prise gemahlene Nelken
1 Prise Muskatblüte
Vanillepulver
3 El Rum
1 Prise Meersalz
2 Tl Weinsteinbackpulver
290 g Weizenvollkornmehl, fein
0,125 l Milch
100 g Cashewkerne, grob gehackt
1 El Honig
2 El Cognac
2 El Birnendicksaft

Zucker mit der weichen Butter und den Gewürzen schaumig rühren. Eier trennen und Eiweiß steif schlagen. Eigelb zu der Buttermasse rühren, ebenso Rum und Salz. Mehl mit dem Backpulver mischen. Abwechselnd mit der Milch unter die Masse rühren. Zum Schluß den Eischnee unterheben.

Zwei Drittel des Teiges in eine gefettete Backform füllen. 1 El Honig mit den Nüssen mischen, auf den Teig verteilen (nicht bis ganz an die Ränder). Den restlichen Teig einfüllen und bei 190 Grad etwa eine Stunde backen. Den noch warmen Kuchen aus der Form nehmen und mit der Mischung aus dem Birnendicksaft und dem Cognac bestreichen, so daß die Oberfläche gut getränkt ist.

TIP

Sie können den Kuchen in Scheiben schneiden und einzeln nochmals mit Birnendicksaft und Cognac tränken. Mit Sahne und Obst ergibt das ein außergewöhnliches Dessert.

Abb. S. 111
Nussige Mandarinentorte
Mandeltorte mit Äpfeln
(Rezept S. 112)

Vollwert-Torten

Nussige Mandarinentorte *(Abb. S. 111)*

Teig: 2 Eier
2 El warmes Wasser
1 Tl Honig
20 g Weizenvollkornmehl, fein
20 g Speisestärke
½ Tl Weinsteinbackpulver
50 g geriebene Haselnüsse

Füllung: 0,25 l Milch
1 Päckchen Vanillepudding (Reformhaus)
100 g Vollrohrzucker
0,2 l Sahne
50 g grob gehackte Haselnüsse
500 g Mandarinen

Eier trennen. Eiweiß steif schlagen. Eigelb mit Wasser und Honig schaumig schlagen. Eiweiß auf die Masse gleiten lassen. Die mit dem Backpulver gemischten Mehle darübersieben. Haselnüsse rösten, einarbeiten. Den Teig in eine mit gefettetem Pergamentpapier ausgelegte Springform füllen, bei 200 Grad 15 bis 20 Minuten backen.
Den Pudding mit der Milch und dem Zucker nach Vorschrift kochen und im Wasserbad abkühlen lassen. Dabei ständig schlagen, damit sich keine Haut bildet. Die Sahne schlagen und unterheben. Tortenboden durchschneiden, die Hälfte der Creme zwischen die beiden Böden füllen. Mit dem Rest die ganze Torte bestreichen. Den Rand mit den gemahlenen leicht gerösteten Haselnüssen bestreuen. Torte mit den Mandarinenspalten belegen.

Mandeltorte mit Äpfeln *(Abb. S. 111)*

Teig: 100 g Weizenvollkornmehl
1 Messerspitze Backpulver
25 g gehackte Mandeln
50 g Pflanzenmargarine
1 Eigelb
1 Prise Meersalz
6 ml Süßstoff

Belag: 375 g säuerliche Äpfel, vorbereitet gewogen
Saft ½ Zitrone
10 g gemahlene Mandeln
100 g Stachelbeeren
1 Eigelb
1 El heißes Wasser
6 ml Süßstoff
2 Eiweiß, 10 g Mehl
1 Messerspitze Backpulver
50 g gemahlene Mandeln
50 g Mandelblättchen

Mehl mit Backpulver in eine Schüssel sieben. Mandeln, Margarine, Eigelb, Salz und Süßstoff zugeben. Alles zu einem glatten Teig verkneten. 30 Minuten im Kühlschrank ruhen lassen. Die Äpfel schälen, vierteln, Kerngehäuse entfernen und in dünne Spalten schneiden. Mit Zitronensaft beträufeln. Eine gefettete Springform (22 cm Durchmesser) mit dem ausgerollten Teig auslegen, dabei einen 3 cm hohen Rand formen, mehrmals mit einer Gabel einstechen. Den Teigboden mit den Mandeln bestreuen und mit den vorbereiteten Äpfeln und Stachelbeeren belegen. Eigelb mit Wasser und Süßstoff schaumig rühren. Eiweiß zu steifem Schnee schlagen und gemahlene Mandeln dazugeben und alles vorsichtig vermengen. Die Masse gleichmäßig über dem Obst verteilen. Mit Mandelblättchen bestreuen und im vorgeheizten Backofen etwa 40 Minuten bei 175 bis 200 Grad backen.

Apfeltorte

△

Teig:
200 g Weizenmehl (Type 1050)
100 g Roggenmehl (Type 1150)
1 Prise Weinsteinbackpulver
100 g Vollrohrzucker, 1 Ei
150 g ungehärtete Pflanzenmargarine

Belag:
2 El Honig
2 El Mandel- oder Haselnußmus
500 g säuerliche Äpfel
2 Eigelb
60 g Honig
abgeriebene Schale einer unbehandelten Zitrone
75 g gemahlene Mandeln
50 g Weizenmehl (Type 1050)
50 g flüssige Pflanzenmargarine
2 Eiweiß

Mehl, Backpulver, Zucker, Ei und Margarine verkneten, den Teig kaltstellen, dann ⅔ davon ausrollen und Boden und Rand einer Springform (Durchmesser 28 cm) damit auslegen. Honig und Nußmus verrühren und auf den Boden streichen. Die Äpfel schälen, entkernen, in dünne Spalten schneiden und auf dem Teig verteilen. Eigelb und Honig schaumig rühren. Zitronenschale, Mandeln, Mehl und flüssige Pflanzenmargarine zufügen und verrühren. Eiweiße steifschlagen und unterheben. Die Masse über die Äpfel geben. Den restlichen Teig ausrollen, in Streifen radeln und gitterförmig auf die Füllung legen, im vorgeheizten Ofen bei 200 Grad etwa 50 bis 60 Minuten backen.

Winterliche Makronentorte

Teig:
75 g Butter
125 g Honig
2 Eigelb
1 Ei
1 gestrichener Tl Zimt
1 kleine Prise Meersalz
150 g Weizenvollkornmehl
1 Tl Weinsteinbackpulver

Belag:
100 g Haselnüsse
100 g Mandeln
3 Eiweiß
100 g Honig
200 g Zwetschgenmus

Die warme Butter mit Honig, Eiern, Salz und Zimt schaumig rühren. Backpulver und Mehl vermischen, mit den anderen Zutaten verrühren. Den Teig in eine gefettete runde Kuchenform füllen, etwa eine halbe Stunde ruhen lassen. Bei 200 Grad etwa 15 Minuten backen.
Die Nüsse und Mandeln jeweils zur Hälfte grob hacken, die andere Hälfte fein mahlen. In einer trockenen Pfanne kurz erwärmen, bis sie zu duften beginnen. Das Eiweiß steif schlagen, Honig hinzugeben und zu einer festen Masse weiterschlagen. Nüsse und Mandeln unterheben. Das Zwetschgenmus auf dem gebackenen Boden verteilen und die Eiweiß-Nuß-Mischung darüber verstreichen. Den Kuchen nochmals 20 Minuten bei 200 Grad backen, bis die Makronenmasse sich zu färben beginnt.
Den Kuchen einen Tag ruhen lassen, bevor er angeschnitten wird.

Apfel-Karotten-Torte

100 g Mandeln
200 g Karotten
250 g säuerliche Äpfel
½ unbehandelte Zitrone, Saft und Schale
100 g Butter
100 g Honig
1 Prise Meersalz
3 El Milch
4 Eier
200 g Weizenvollkornmehl
50 g Speisestärke
2 Tl Weinsteinbackpulver
3 Tl Butter

Die Mandeln mit kochendem Wasser überbrühen, nach 2 Minuten in ein Sieb abgießen, kalt abspülen und häuten. 15 Mandeln zum Garnieren beiseite legen, den Rest grob hacken und in heißer Pfanne oder Backofen goldgelb rösten.
Karotten und Äpfel schälen und beides grob raspeln. Sofort mit dem Zitronensaft und der geriebenen Zitronenschale vermischen. Eier trennen. Die Eigelbe mit der weichen Butter, Honig, Salz und Milch verquirlen, bis sich der Honig aufgelöst hat. Mehl mit Stärke und Backpulver mischen und zusammen mit der Karotten-Apfel-Mischung und den gehackten Mandeln untermengen. Eiweiß zu steifem Schnee schlagen, vorsichtig unter den Teig heben. Teig in eine gebutterte Springform füllen und bei 200 Grad etwa 45 bis 50 Minuten backen. Auf einem Kuchengitter abkühlen lassen.

Rueblitorte mit Schuß

150 g Honig
5 Eier
80 g Weizenvollkornmehl
1 Prise gemahlene Nelken
1 Tl Zimt
3 El Kirschwasser
250 g geriebene Karotten
250 g geriebene Haselnüsse
1 Tl Zitronensaft
2 El Weinsteinbackpulver

2 El Zitronensaft
2 El Honig
100 g Honigmarzipan

Eigelb, Honig, Gewürze und Zitronensaft verrühren. Karotten und Haselnüsse einrühren. Mehl mit Backpulver vermischen und ebenfalls unterheben. Kirschwasser dazurühren. In eine runde Tortenform füllen und etwa 40 bis 50 Minuten backen. Auskühlen lassen und mit der Zitronen-Honig-Mischung bestreichen. Aus dem Marzipan kleine Häschen oder Karotten formen und den Kuchen damit verzieren. Das Marzipan kann man mit etwas Kakaopulver (braun) oder einigen Tropfen Karottensaft (orange) oder Spinatsaft (grün) einfärben. Mit Schlagsahne servieren.

Traumtorte

▷

Teig:
3 Eigelb, 2 Eiweiß
3 El heißes Wasser
50 g Vollrohrzucker
30 g Weizenvollkornmehl, sehr fein, ausgesiebt
30 g Speisestärke
1 Tl Weinsteinbackpulver

Belag:
1 Glas eingemachte Birnen
150 g Vollrohrzucker
1 Päckchen Gelatine
0,15 l trockener Rotwein
0,15 l Birnensaft (von den eingemachten Birnen)
1 Eiweiß
0,1 l Sahne
Schokolade zum Garnieren

Eier trennen. Eiweiß zu einem festen Schnee schlagen. Eigelb mit Wasser und Zucker zu einer schaumigen Masse rühren. Eiweiß auf die Masse gleiten lassen. Mehle mit dem Backpulver vermischen und darübersieben. Den Teig in eine mit gefettetem Pergamentpapier ausgelegte Springform füllen. Bei 200 Grad etwa 15 Minuten backen. Pergamentpapier abziehen und Boden wieder in die Form legen.

Die Birnen gut abtropfen lassen und auf den erkalteten Boden legen. Gelatine mit wenig Birnensaft verrühren, quellen lassen, nach Vorschrift auflösen. Etwas abkühlen lassen, zusammen mit dem Rotwein und dem Zucker in die Masse einrühren. Eiweiß steif schlagen, ebenso die Sahne. Alles zu einer Creme vermischen. In die Form über die Birnen gießen. Vor dem Servieren mehrere Stunden kühl stellen. Mit der geraspelten Schokolade bestreuen.

Sachertorte

▷

Teig:
3 Eigelb
2 El warmes Wasser
10 ml Süßstoff
3 Eiweiß
50 g Vollkornmehl
1 Päckchen Schokopuddingpulver (Reformhaus)
20 g Kakao
1 Tl Backpulver
20 g geriebene Zartbitterschokolade mit Rohrzucker
60 g Margarine oder Butter

Für die Füllung und Glasur:
150 g Aprikosenkonfitüre
1 El Wasser
50 g Zartbitterschokolade mit Rohrzucker

Eigelb mit Wasser und Süßstoff schaumig schlagen. Eiweiß steif schlagen, auf die Eigelbmasse geben. Mehl, Puddingpulver, Kakao und Backpulver mischen und darüberstreuen. Geriebene Schokolade dazugeben und alles vorsichtig vermengen. Das zerlassene und wieder abgekühlte Fett unterziehen. Den Teig in eine gefettete Springform füllen und im vorgeheizten Backofen etwa 35 Minuten bei 200 Grad backen. Erkalten lassen. Einmal waagrecht durchschneiden. Mit ⅔ der durch ein Sieb gestrichenen Konfitüre füllen. Den Rest der Konfitüre mit dem Wasser erhitzen. Oberfläche der Torte ganz damit bestreichen. Schokolade im Wasserbad auflösen. Die Torte damit überziehen.

Preiselbeertorte

Teig:
4 Eier
125 g Honig
2 El warmes Wasser
1 Tl Weinsteinbackpulver
175 g Buchweizenmehl, fein

Füllung:
0,4 l Sahne
½ Glas Preiselbeerkompott
einige Blättchen Zitronen-melisse

Eier trennen und Eiweiß steif schlagen. Eigelb, Honig und Wasser mit dem Rührgerät zu einer cremigen Masse schlagen. Buchweizenmehl mit dem Backpulver vermischen und vorsichtig einrühren. Eischnee unterheben. Die Masse in eine mit gefettetem Pergamentpapier ausgelegte Springform füllen und auf die untere Schiene in den kalten Backofen schieben. Bei 200 Grad etwa 30 bis 35 Minuten backen. Den erkalteten Tortenboden einmal durchschneiden.
Sahne steif schlagen und mit dem Preiselbeerkompott mischen. Ein Drittel der Masse auf dem unteren Boden verteilen. Oberen Boden darüberlegen, den Rest der Masse verteilen. Torte in der Mitte mit der Zitronenmelisse garnieren.

Tiramisu

▷

Teig:
3 Eier
2 El Honig
1 Päckchen Vanillezucker
1 Prise Meersalz
2 El Wasser
100 g Weizenvollkornmehl, sehr fein
½ Tl Weinsteinbackpulver
1 Tasse Espresso
1 Schnapsglas Amaretto (italienischer Mandellikör)

Füllung:
500 g Mascarpone (Frischkäse)
4 Eigelb
2 Päckchen Vanillezucker
1 Tl Honig
3 El Kakaopulver

Eier trennen, Eigelb, Honig, Vanille, Salz und Wasser zu einer schaumigen Masse schlagen. Mit dem Backpulver gemischtes Mehl darübersieben. Eiweiß sehr steif schlagen und auf das Mehl gleiten lassen. Alle diese Zutaten vorsichtig vermengen. Den Teig auf ein mit gefettetem Pergamentpapier ausgelegtes Backblech streichen (ergibt ein halbes Blech). Bei 175 Grad etwa 15 Minuten backen. Eine rechteckige Kuchenform (Größe etwa ¼ des Backblechs) mit Alufolie auslegen, so daß auch die Ränder bedeckt sind. Die Teigplatte in zwei Hälften schneiden und eine davon in die Kuchenform legen. Amaretto und Espresso mischen. Die Teigplatte in der Form mit der Hälfte der Flüssigkeit tränken.
Für die Füllung Eigelb, Honig, Vanillezucker vermischen und den Mascarpone unterrühren. Zwei Drittel der Mascarponecreme darüber verteilen. Die zweite Teigplatte auflegen, ebenfalls tränken und die restliche Creme darauf verstreichen. Den Kakao durch ein Sieb auf die Creme sieben. Mehrere Stunden im Kühlschrank durchziehen lassen. In Vierecke, etwa 7 x 7 cm, teilen.

Weintraubentorte Bacchus

Teig:
225 g Weizenvollkornmehl, fein
175 g Butter
2 Eigelb
40 g Vollrohrzucker
2 El Cognac

Belag:
2 Eier
½ Päckchen Gelatine
0,1 l Wasser
60 g Vollrohrzucker
0,15 l Weißwein
Saft einer halben Zitrone
0,25 l Schlagsahne
400 g Weintrauben

0,1 l Weißwein
½ Tl Agar Agar
1 Tl Vollrohrzucker
1 El Aprikosenkonfitüre
50 g leicht geröstete Mandelblättchen

Alle Zutaten für den Teig vermischen und einen Mürbeteig kneten. In eine gefettete Springform füllen, einen fingerbreiten Rand stehen lassen. Mehrmals mit einer Gabel einstechen, kurz ruhen lassen und etwa 20 Minuten bei 200 Grad backen.
Für den Belag Eier trennen. Eigelb mit Zucker schaumig schlagen. Wein und Zitronensaft einrühren. Gelatine nach Vorschrift auflösen, kurz abkühlen lassen und unter die Masse rühren. Wenn die Masse steif zu werden beginnt, Eiweiß steif schlagen, Sahne steif schlagen. Eischnee und Sahne unter die Masse heben. Die Creme auf den ausgekühlten Tortenboden streichen und mit den gesäuberten und entstielten Weintrauben belegen.
Agar Agar mit 3 El von dem Wein mischen. Wein und Zucker aufkochen, Agar Agar einrühren, ein bis zwei Minuten mitkochen. Kurz abkühlen lassen und als klaren Guß über den Weintrauben verteilen.
Den Tortenrand mit der erwärmten Konfitüre bestreichen und mit den Mandelblättchen bestreuen.

TIP

Weintrauben schmecken am besten im Herbst, wenn sie auch bei uns reifen. Sie können für die Torte blaue oder gelbe Trauben wählen. Besonders süß und aromatisch sind die kleinen griechischen und süditalienischen Trauben, auch wenn sie unscheinbar aussehen. Die köstliche Weintraubencreme dieser Torte läßt sich auch mit anderen süßen Früchten garnieren, so daß sie zu jeder Jahreszeit gebacken werden kann.

Traubentorte

Teig:
4 Eier
2 El Wasser
75 g Vollrohrzucker
1 Tl Weinsteinbackpulver
150 g Weizenvollkornmehl, sehr fein, ausgesiebt

Füllung:
1 Päckchen Gelatine
0,125 l Milch
1 kg Magerquark
150 g Vollrohrzucker
abgeriebene Schale einer halben Zitrone
Saft einer halben Zitrone
Vanillepulver
0,5 l Sahne
150 g Rosinen
250 g Weintrauben

Eier trennen und Eiweiß mit 2 El Wasser steif schlagen. Zucker dabei langsam einfließen lassen. Eigelb verschlagen und unterrühren. Backpulver und Mehl unterheben. Eine mit gefettetem Pergamentpapier ausgelegte Backform mit der Masse füllen und sofort bei 180 Grad etwa 45 Minuten backen. Durchschneiden.
Für die Füllung Gelatine quellen lassen, nach Vorschrift erwärmen und auflösen. Quark mit dem Zucker, Zitronensaft und -schale und Vanillepulver glattrühren, die steif geschlagene Sahne unterheben. Die etwas abgekühlte Gelatine-Masse mit dem Handrührgerät unterschlagen. Die Hälfte der Creme mit den gesäuberten Weintrauben und den Rosinen vermischen. Diese Hälfte in die Torte füllen. Die zweite Hälfte der Creme auf dem oberen Tortenboden und an den Seiten verstreichen. Mit Trauben und Rosinen garnieren.

Orangen-Sahnetorte

▷

Mürbeteig:
30 g feingeriebene Sonnenblumenkerne
120 g feingemahlener Dinkel
1 El Vollrohrzucker
80 g Butter
1 Eigelb
3 El Orangenmarmelade

Biskuitboden:
1 Orange
4 Eier
2 El Akazienhonig
120 g feingemahlener Dinkel
60 g feingeriebene Sonnenblumenkerne

Füllung
5 Blatt weiße Gelatine
3 unbehandelte Orangen
0,4 l Sahne
2 Eigelb
1½ El Akazienhonig
100 g gehackte Sonnenblumenkerne

Für den Mürbeteig alle Zutaten gut miteinander vermischen, rund ausrollen und den Boden einer mit gefettetem Pergamentpapier ausgelegten Springform damit belegen, mit einer Gabel mehrfach einstechen und im Ofen bei 180 Grad etwa 15 Minuten backen. Auskühlen lassen und mit der Orangenmarmelade bestreichen. Für den Biskuitteig die Orange auspressen, 3 El Saft abnehmen, den Rest kühl stellen. Eier trennen. Eiweiß mit 3 El Orangensaft sehr steif schlagen, nach und nach Honig und Eigelb unterrühren und weiterschlagen, bis eine feste, cremige Masse entsteht. Dinkelmehl und Sonnenblumenkerne mischen und unter den Eischaum heben. Den Teig in eine mit gefettetem Pergamentpapier ausgelegte Springform streichen und im Ofen bei etwa 180 Grad etwa 30 Minuten backen. Nach 20 Minuten mit Folie abdecken und fertig backen, auskühlen lassen und stürzen. Nach 3 bis 4 Stunden den Boden quer durchschneiden und eine Hälfte auf den Mürbeteig setzen. Für die Füllung Gelatine einweichen. Eine Orange fein abreiben, filetieren und die Filets in kleine Stücke schneiden. Die zweite Orange sehr dünn abschälen, Schale in Streifen schneiden, Orange auspressen und mit dem kühlgestellten Saft auf 0,18 l ergänzen, 0,2 l Sahne steif schlagen, kühl stellen. Eigelb mit dem Honig cremig schlagen, 1 Tl geriebene Orangenschale unterrühren. Ausgedrückte Gelatine mit 3 El Orangensaft auflösen, den restlichen Orangensaft unterrühren und unter den Eischaum ziehen. Geschlagene Sahne unter die Orangencreme heben, Sonnenblumenkerne unterziehen. Dann die Masse auf dem Biskuitboden verstreichen, Orangenstücke darauf verteilen, den zweiten Biskuitboden daraufsetzen, abgedeckt 3 Stunden kühl stellen. Restliche Sahne steif schlagen, Torte damit bestreichen, Sonnenblumenkerne an den Tortenrand drücken. Die letzte Orange filetieren. Torte mit Sonnenblumenkernen, Orangenschalenstreifen und Orangenfilets garnieren.

Orangen-Quark-Torte

▷

Teig:
125 g Weizenmehl (Type 405, Reformhaus)
30 g gemahlene Mandeln
100 g ungehärtete Pflanzenmargarine
40 g Honig
2 Eigelb,
2 El warmes Wasser
75 g Honig, 1 Prise Meersalz
abgeriebene Schale einer unbehandelten Zitrone
2 Eiweiß
80 g Weizenvollkornmehl
1 Tl Weinsteinbackpulver
3 El Orangenmarmelade

Belag:
500 g Magerquark
125 g Honig
abgeriebene Schale einer unbehandelten Orange
4 El Zitronensaft
8 Blatt weiße Gelatine
4 Orangen
0,25 l Schlagsahne

Mehl, Mandeln, Margarine und Honig zu einem Teig verarbeiten. Ausrollen, den Boden einer Springform (Durchmesser 26 cm) damit auslegen. Im vorgeheizten Ofen bei knapp 200 Grad 10 Minuten backen. Eigelb, Wasser, Honig, Salz und Zitronenschale cremig schlagen, Eiweiß zu steifem Schnee schlagen, daraufgeben. Mehl mit Backpulver mischen, auf den Eischnee geben, Orangenmarmelade unterheben und auf den heißen Mürbeteigboden streichen, die Biskuitmasse darauf verteilen und weitere 25 bis 30 Minuten backen. Abkühlen lassen.
Quark mit Honig, Orangenschale und Zitronensaft verrühren. Gelatine einweichen. Orangen schälen, in kleine Stücke schneiden (Fruchtfleisch und Saft = 0,2 l) und unter den Quark rühren. Gelatine abgießen, auflösen, ebenfalls unterrühren. Kalt stellen. Sahne steifschlagen, unter den halbsteifen Orangen-Quark heben. Den Tortenboden mit einem Tortenring umstellen, den Orangen-Quark darauffüllen und fest werden lassen. Die Torte beliebig garnieren.
Bei 175 bis 200 Grad etwa 40 Minuten backen.

Walnußtorte

6 Eier
220 g Vollrohrzucker
250 g gemahlene Walnüsse
1 Prise Meersalz
Vanillepulver
1 El Weizenvollkornmehl
3 El Aprikosenkonfitüre
150 g gehackte Walnüsse

Eier trennen. Eiweiß mit etwas Zucker sehr steif schlagen. Restlichen Zucker mit dem Eigelb schaumig rühren. Mehl, Salz und Vanille darübersieben und Eischnee unterheben. In eine gefettete Springform füllen und bei 200 Grad etwa 40 Minuten backen. Die Torte mit der erwärmten Aprikosenkonfitüre bestreichen und mit den gehackten Walnüssen bestreuen.

Tante Friedas Mandeltorte

6 Eier, 2 Eigelb
2 El warmes Wasser
180 g Vollrohrzucker
250 g Mandeln
abgeriebene Schale einer unbehandelten Zitrone
Vanillepulver
3 geriebene Bittermandeln

3 El Quittengelee oder helle Konfitüre
70 g geröstete Mandelblättchen

Mandeln enthäuten, fein reiben und in der trockenen Pfanne leicht rösten. Eier trennen. Eigelb, Wasser und Zucker mit dem Rührgerät einige Minuten lang sehr schaumig rühren. Eiweiß sehr steif schlagen. Zusammen mit Vanille, Mandeln, Bittermandeln und Zitronenschale sehr vorsichtig unter das Eigelb mischen. Die Schaummasse in eine mit gefettetem Pergamentpapier ausgelegte kleine Springform (etwa 22 cm Durchmesser) streichen. Auf der zweituntersten Schiene bei 200 Grad etwa 60 bis 80 Minuten backen. In der Springform abkühlen lassen. Die Torte mit dem erwärmten Quittengelee bestreichen und mit den Mandelblättchen bestreuen.

TIP

Die Vollwertküche benutzt statt Gelatine oft Agar Agar. Pro Belag rechnet etwa man 1 – 1½ Päckchen.

Kalorienarme Quarktorte

<u>*Teig:*</u>
2 Eier
2 El warmes Wasser
5 ml Süßstoff
50 g Weizenvollkornmehl, sehr fein, ausgesiebt
2 El Speisestärke
½ Tl Weinsteinbackpulver

<u>*Füllung:*</u>
500 g Magerquark
½ Päckchen Gelatine
10 ml Süßstoff
1 Ei
0,25 l Milch
400 g Aprikosen

Eier trennen. Eiweiß steif schlagen. Eigelb mit Wasser und Süßstoff schaumig schlagen. Eiweiß darübergleiten lassen. Trockene Zutaten darübersieben. Alles locker unterheben. In eine mit gefettetem Pergamentpapier ausgelegte kleine Springform füllen und bei 175 Grad etwa 15 Minuten backen. Erkalten lassen, in zwei Platten schneiden. Für die Füllung Ei trennen, Eiweiß steif schlagen. Eigelb mit Süßstoff und Quark verrühren. Gelatine nach Vorschrift in etwas Wasser quellen lassen, erwärmen und auflösen. Etwas abkühlen lassen und gut unter die Quarkmischung schlagen. Eischnee unterheben. Aprikosen entsteinen, überbrühen, Haut abziehen und auf dem Boden verteilen. Die untere Biskuitplatte in einen Tortenring legen, mit den Aprikosen belegen und mit der Hälfte der Quarkmasse bedecken. Zweite Biskuitplatte darauflegen und mit der restlichen Creme begießen. Vor dem Servieren einige Stunden im Kühlschrank steif werden lassen.

Saftige Ananastorte

150 g Butter
3 Eier
150 g Honig
350 g Weizenvollkornmehl, fein
2 Tl Weinsteinbackpulver
1 El Zimt
350 g Karotten
150 g Ananas
1 El Honig
1 Tl Zitronensaft

Die Eier mit dem Honig schaumig schlagen. Mehl mit Backpulver und Zimt mischen und dazurühren. Die gereinigten Karotten fein raspeln. Ananas fein hacken. Weiche Butter, Ananas und Karotten unter den Teig ziehen. In eine gefettete Springform füllen und etwa 60 Minuten bei 160 Grad backen. Den noch heißen Kuchen mit dem mit Zitronensaft vermischten Honig bepinseln.

Hawaiitorte

<u>Teig:</u>
75 g Butter
2 El Honig
2 Eier
1 El Kakao
125 g Weizenvollkornmehl, fein
1 Tl Weinsteinbackpulver
20 g gehackte Pistazien

<u>Belag:</u>
1 Päckchen Vanillepudding-pulver (Reformhaus)
0,25 l Milch
2 El Vollrohrzucker
1 Ananas (evtl. Konserve)
einige Kirschen oder Beeren
0,125 l Wasser oder Ananassaft
½ Tl Agar Agar
1 El Honig
30 g gehackte Pistazien

Die Eier trennen. Eiweiß steif schlagen. Weiche Butter mit dem Honig schaumig rühren. Eigelb zugeben. Das mit dem Backpulver gemischte Mehl und den Kakao unterrühren. Pistazien und Eischnee unterheben. Boden einer gefetteten Springform damit auslegen. Bei 175 Grad etwa 30 Minuten backen. Auskühlen lassen. Puddingpulver mit der Milch und dem Zucker nach Vorschrift zubereiten. Den erkalteten Tortenboden in einen Tortenring legen und den Pudding darauf verteilen. Die in Stückchen geschnittene Ananas und die Kirschen darauf verteilen. Agar Agar mit wenig Wasser verrühren. Restliches Wasser mit Honig zum Kochen bringen, Agar Agar unterrühren und etwa eine Minute mitkochen lassen. Etwas abkühlen lassen und über die Früchte gießen. Die starr gewordene Torte aus dem Ring nehmen und den Rand mit gehackten Pistazien bestreuen.

Philadelphia Torte

<u>Teig:</u>
125 g Vollkornmehl
1 Messerspitze Backpulver
1 Eigelb
5 ml Süßstoff
50 g Margarine

<u>Creme:</u>
1 Päckchen Götterspeise Waldmeister-Geschmack
6 El Wasser
250 g Magerquark
200 g Doppelrahmfrischkäse
0,125 l naturreiner Apfelsaft
8 ml Süßstoff
2 Eiweiß

Mehl mit Backpulver in eine Schüssel sieben. Eigelb und Margarine hinzufügen und alles schnell zu einem glatten Teig verkneten. Etwa 30 Minuten im Kühlschrank ruhen lassen. Teig auf dem gefetteten Boden einer Springform (22 cm Durchmesser) ausrollen. Mit einer Gabel mehrmals einstechen und im vorgeheizten Backofen etwa 15 Minuten bei 200 Grad backen. Den Tortenboden nach dem Backen auf ein Kuchengitter stürzen und erkalten lassen. Das Götterspeisen-Pulver mit dem Wasser anrühren und 10 Minuten quellen lassen. Quark, Frischkäse, Apfelsaft und Süßstoff gut verrühren. Eiweiß sehr steif schlagen. Die gequollene Götterspeise unter Rühren erwärmen, bis sie ganz gelöst ist, dann sofort unter Rühren schnell in die Quark-

masse geben. Eischnee unterheben. Einen mit Pergamentpapier ausgelegten Springformrand um den erkalteten Tortenboden legen. Die Creme auf den Boden streichen und mit einer Gabel ein Muster auf die Oberfläche ziehen. Die Torte 1 bis 2 Stunden in den Kühlschrank stellen. Formenrand und Pergamentpapier entfernen und Torte verzieren.

TIP

Mischen Sie für einen Tortenguß etwa 0,125 l Wasser, etwas Zitronensaft, einen halben Tl Agar Agar und einen El Honig. Unter Rühren ein bis zwei Minuten aufkochen und über die Früchte verteilen.

Zitronentorte

▷

Teig:
4 Eier
100 g Honig
1 Päckchen Vanillezucker
1 Prise Meersalz
3 El Wasser
150 g Weizenvollkornmehl, fein
80 g gemahlene Mandeln

Füllung:
250 g Sahnequark
0,35 l Sahne
½ Tl Johannisbrotkernmehl
4 El flüssiger Honig
Saft und abgeriebene Schale von zwei unbehandelten Zitronen
1 Päckchen Vanillezucker

Eier trennen. Eigelb, Honig, Vanillezucker, Salz und Wasser werden mit dem Mixer einige Minuten lang zu einer schaumigen Masse gerührt. Das ausgesiebte Mehl und die fein gemahlenen Mandeln vorsichtig unterheben. Eiweiß zu einem steifen Schnee schlagen und vorsichtig unterheben. Den Teig in eine mit gefettetem Pergamentpapier ausgelegte Springform füllen und bei knapp 200 Grad etwa 20 bis 25 Minuten backen. Auf ein Kuchengitter stürzen und Pergamentpapier abziehen. Gut auskühlen lassen und in zwei Platten schneiden. Die Sahne steif schlagen und mit allen anderen Zutaten für die Füllung vermischen, bis eine einheitliche Masse entstanden ist. Ein Drittel der Füllung auf die untere Teigplatte streichen, die zweite Platte darüberdecken. Die restliche Füllung auf der zweiten Teigplatte und um den Rand verstreichen. Die Torte mit hauchdünnen Zitronenscheiben oder feinen Zitronenschale-Raspeln verzieren.

Gestürzte Pfirsichtorte

1 kg Pfirsiche (Dose)
125 g ungehärtete Pflanzenmargarine
150 g Vollrohrzucker
3 Eier
abgeriebene Schale einer unbehandelten Zitrone
1 El Zitronensaft
175 g Weizenvollkornmehl, sehr fein
2 Tl Weinsteinbackpulver
200 g Preiselbeerkompott
Mandelbällchen

Pfirsiche auf einem Sieb abtropfen lassen. Margarine, Zucker, Eier, Zitronensaft und -schale gut schaumig rühren. Mehl und Backpulver mischen und portionsweise unterrühren. Eine Springform gut ausfetten. Pfirsichhälften mit der Wölbung nach oben hineinlegen und den Teig darauf verteilen. Bei 175 Grad etwa 50 Minuten backen. Etwas auskühlen lassen und stürzen. Mit dem Kompott und den Mandelbällchen garnieren.

Orangen-Mandel-Biskuit

▷

Teig:
4 Eier
125 g flüssiger Honig
1 Prise Meersalz
1 Päckchen Vanillezucker
2 El Orangensaft
abgeriebene Schale einer unbehandelten Orange
150 g Weizenvollkornmehl, fein
½ Tl Weinsteinbackpulver

Füllung:
3 Eigelb
125 g flüssiger Honig
125 g geriebene, kurz angeröstete Mandeln
abgeriebene Schale einer unbehandelten Orange
0,25 l Sahne
Saft von ½ Orange
1 Messerspitze Johannisbrotkernmehl

1 unbehandelte Orange
50 g geröstete Mandelblättchen oder in der trockenen Pfanne geröstete Sonnenblumenkerne

Eiweiß steif schlagen. Eigelb, Honig, Meersalz und Vanillezucker einige Minuten schaumig schlagen. Orangenschale und Saft dazugeben. Eiweiß und das mit Backpulver vermischte Mehl vorsichtig unterziehen. Den Teig in eine mit gefettetem Pergamentpapier ausgelegte Springform füllen. Bei knapp 200 Grad etwa 25 Minuten auf der mittleren Schiene backen.
Für die Füllung das Eigelb mit dem Honig einige Minuten schlagen, bis es sehr schaumig ist. Mandeln und Orangenschale hinzugeben. Die Sahne mit dem Orangensaft und dem Johannisbrotkernmehl steif schlagen. Den ausgekühlten Tortenboden durchschneiden. Mandelcreme mit der Schlagsahne mischen. Ein Drittel der Creme auf den unteren Tortenboden verteilen, den zweiten Tortenboden aufsetzen, ebenfalls mit Creme bestreichen und den Rest an den Seiten verstreichen.
Die Orange in hauchdünne Scheiben schneiden, die Torte damit belegen und mit den Mandelblättchen bestreuen.

TIP

Übrigens: Geriebene Mandeln und Mandelblättchen rösten Sie für einige Minuten in einer trockenen Pfanne bei mittlerer Hitze. Sobald sie zu duften anfangen und gelb werden, sind sie fertig. Man kann sie aber auch die letzten paar Minuten auf einem Stück Alufolie oder in einem Pfännchen mit in den Backofen zum Tortenboden stellen. Allerdings immer im Auge behalten, da sie leicht zu dunkel werden.

Fruchtige Buchweizentorte

Teig:
4 Eier
90 g Honig
2 El heißes Wasser
180 g Buchweizenmehl

Füllung:
0,5 l Sahne
600 g Sauerkirschen
2 El Honig
1 Tl Johannisbrotkernmehl

12 heile Kirschen mit Stiel
evtl. gehackte Pistazien zum Garnieren

Die Eier trennen, Eiweiß steif schlagen. Aus Eigelb, Honig und Wasser mehrere Minuten lang eine schaumige Masse schlagen. Den sehr fein gemahlenen Buchweizen und den Eischnee vorsichtig unterheben. Die Masse in eine mit gefettetem Pergamentpapier ausgelegte Springform füllen und bei knapp 200 Grad etwa 20 bis 30 Minuten backen. Den Boden abkühlen lassen und einmal waagrecht durchschneiden.

Kirschen säubern und entkernen. Mit dem Pürierstab grob zerkleinern, den Honig und das Johannisbrotkernmehl gut damit verrühren. Die Sahne schlagen. Den unteren Boden mit etwas Sahne bestreichen, die Kirschenmasse darauf verteilen und mit dem zweiten Boden abdecken. Die restliche Sahne auf dem Kuchen verteilen, die ganzen Kirschen um den Rand legen und die Pistazien darüberstreuen.

Buchweizenbiskuit

Teig:
5 Eier
100 g Honig
2 El heißes Wasser
1 Vanillezucker
180 g Buchweizenmehl, sehr fein
20 g sehr fein geriebene Haselnüsse

Belag:
0,4 l Sahne
2 El flüssiger Honig
1 kg Erdbeeren

Eier trennen. Eiweiß sehr steif schlagen. Eigelb, Honig, Wasser und Vanillezucker zu einer sehr schaumigen Creme verschlagen. Vorsichtig das Eiweiß, Mehl und Nüsse unterheben. Die Masse in eine mit gefettetem Pergamentpapier ausgelegte Springform füllen. Etwa 20 Minuten bei 180 Grad backen. Für den Belag die Sahne mit dem Honig steif schlagen und auf den fertigen Boden spritzen. Die Erdbeeren auf der Sahne anordnen, mit einigen Sahnetupfern garnieren. Sofort servieren, damit der Boden nicht durchweicht.

TIP

Natürlich können Sie den Boden auch mit anderen Obstsorten belegen: Besonders gut harmonieren frische Himbeeren, Brombeeren oder abgezogene, in Scheiben geschnittene Pfirsiche mit dem nußartigen Buchweizenaroma.

Kirschenzeit-Torte

▷

Teig:
180 g Weizenvollkornmehl, sehr fein, ausgesiebt
100 g Butter
2 El flüssiger Honig
Vanillepulver
1 Ei

Belag:
1 kg Süßkirschen
3 Eier
2 El flüssiger Honig
5 El Sahne
100 g gemahlene Mandeln
½ Tl Zimt

Das Mehl mit der weichen Butter, dem Honig, der Vanille und dem Ei zu einem geschmeidigen Teig verarbeiten. Eine halbe Stunde quellen lassen. Auf einer bemehlten Fläche ausrollen und in eine gefettete Springform drücken, so daß ein Rand stehen bleibt. Die gesäuberten und entkernten Kirschen auf dem Teig verteilen. Die Eier trennen. Eiweiß steif schlagen. Eigelb mit Zimt und Honig schaumig rühren, die Sahne und die Nüsse unterrühren. Zum Schluß den Eischnee unterheben und die Masse auf den Kirschen verteilen. Bei 200 Grad etwa 50 Minuten backen.

Kirschschnitten

▷

3-4 Eigelb
5-6 El Honig
125 g ungehärtete Pflanzenmargarine
250 g feinstgeschroteter Weizen oder Weizenschrot (leicht ausgesiebt)
½ Pack. Weinsteinbackpulver
2 El Kakaopulver
etwas Zimt
400-500 g entsteinte Kirschen
Mandelstifte zum Bestreuen

Eigelb mit Honig und Margarine zu einer Crememasse verrühren. Weizenschrot, Backpulver, Kakao und Zimt zugeben und alles gut verrühren (der Teig sollte schwer vom Löffel reißen). Kirschen untermengen und die Masse auf ein mit Backpapier ausgelegtes Backblech streichen. Mit Mandelstiften bestreuen und bei 200 Grad 30-40 Minuten backen. Dann in etwa 16 Schnitten teilen.

TIP

Für Kirschschnitten und -kuchen mit Quark– oder Sahnefüllung eignen sich besser Sauerkirschen, da sie mehr Aroma entwickeln. Zum Mitbacken nimmt man oft auch Süßkirschen.

Lisas Sauerkirschkuchen

200 g ungehärtete Pflanzen-margarine
200 g Vollrohrzucker
4 Eier
1 El Zimt
1 Päckchen Weinstein-backpulver
80 g geraspelte Bitter-schokolade
125 g Weizenvollkornmehl, fein
125 g gemahlene Haselnüsse
500 g frische oder 1 Glas eingemachte Sauerkirschen
3 El Rum

Margarine, Zucker und Eier zu einer schaumigen Masse verschlagen. Mehl und Backpulver mischen und zu der Eiermasse rühren. Alle weiteren Zutaten bis auf die Kirschen einarbeiten. Den Teig in eine gefettete Springform füllen und eine halbe Stunde quellen lassen. Die frischen Kirschen waschen und entsteinen bzw. die eingemachten abtropfen lassen. Dicht an dicht auf dem Kuchen verteilen. Etwa 60 Minuten bei 175 Grad backen.

Joghurt-Torte mit frischen Beeren

▷

Teig:
200 g Corn-Flakes
30 g ungehärtete Pflanzen-margarine

Belag:
1000 g Joghurt (1,5 %)
70 g Streusüße
Mark einer halben Vanille-schote
1 El Zitronensaft
8 Blatt Gelatine
6 El Sahne
1000 g Beeren, vorbereitet gewogen
1 Päckchen Tortenguß, klar

Corn-Flakes mit der weichen Margarine zu einem Teig verarbeiten, auf den Boden einer Springform geben, gut andrücken. Joghurt mit Streusüße, Vanillemark und Zitronensaft verrühren. Eingeweichte Gelatine bei geringer Temperatur auflösen und unter ständigem Rühren unter die Joghurtmasse geben. Sahne steifschlagen, unterheben. Im Kühlschrank erstarren lassen. Mit den vorbereiteten Beerenfrüchten belegen. Tortenguß nach Anweisung herstellen und über die Beeren verteilen.

TIP

Wenn sie nicht auf die schlanke Linie achten müssen, können Sie auch Vollmilch-Joghurt verwenden. Alle Rezepte mit Joghurt lassen sich grundsätzlich mit beiden Arten zubereiten.

Birnentorte mit Baiserguß

Teig:
125 g Weizenvollkornmehl, fein
100 g Hirse, fein gemahlen
50 g geriebene Mandeln
2 Eigelb
4 El Honig
Vanillepulver
150 g Butter
1 Prise Meersalz

Belag:
800 g Birnen
0,1 l Wasser
4 El Honig
2 El Cognac
Vanillepulver
3 Eiweiß
125 g geriebene Mandeln
3 El Honig

Birnen schälen, entkernen und in Schnitze schneiden. Mit dem Wasser und dem Honig kurz dünsten, bis sie glasig sind. Abtropfen lassen. Vanille und Cognac zugeben und eine Stunde ziehen lassen.
Die Zutaten für den Teig schnell zu einem Mürbeteig verkneten und kurz im Kühlschrank ruhen lassen. Eine gefettete Springform damit auslegen, Rand stehen lassen. Den Boden mehrmals mit einer Gabel einstechen. Bei 200 Grad etwa 20 Minuten vorbacken. Die Eiweiße mit dem Honig steif schlagen, Mandeln unterheben. Die Birnen auf den vorgebackenen Boden füllen, Baisermasse darüberstreichen und nochmals etwa 35 Minuten bei 160 Grad backen.

Sommerlicher Obstboden ▷

Teig:
180 g Weizenvollkornmehl, fein
100 g Butter
2 El flüssiger Honig
¼ Tl Vanille
1 Ei
1 Messerspitze Weinsteinbackpulver

Belag:
4 Pfirsiche
250 g Himbeeren
½ Tl Biobin
1 El Vollrohrzucker

Mehl, Butterflöckchen, Honig, Vanille, Ei und Backpulver zu einem geschmeidigen Mürbeteig verkneten. Eine Stunde ruhen lassen. Auf einer bemehlten Fläche ausrollen, in eine gefettete Springform legen, dabei einen Rand hochbiegen. Bei 180 Grad etwa 30 Minuten backen.
Pfirsiche kurz in heißes Wasser tauchen, enthäuten und halbieren. Die Hälfte der gewaschenen Himbeeren im Mixer pürieren, mit Biobin und Rohrzucker verrühren und etwas stehen lassen. Püree auf dem ausgekühlten Kuchenboden verteilen. Die Pfirsichhälften lamellenartig einschneiden und zusammen mit den restlichen Himbeeren hineinlegen. Eventuell mit Schlagsahne servieren.

Eistorte

<u>Teig:</u>
2 Eier
75 g Honig
Vanillepulver
100 g Dinkel, sehr fein gemahlen

<u>Füllung:</u>
2 Eigelb
100 g Honig
0,5 l Sahne
400 g Früchte (Himbeeren, Erdbeeren oder Bananen)
Vanillepulver

Die Eier für den Teig trennen. Eiweiß sehr steif schlagen. Eigelb mit dem Honig schaumig rühren, mit dem Mehl und der Vanille vermischen. Eischnee vorsichtig unterheben. In eine mit gefettetem Pergamentpapier ausgelegte Springform füllen. In den kalten Ofen schieben, auf 175 Grad schalten und etwa 25 Minuten backen. Abkühlen lassen, Pergament entfernen. Den Boden wieder in die Form legen. Den Rand mit Alufolie auslegen.

Für die Füllung die Eigelb mit Honig und Vanille schaumig schlagen. Früchte pürieren. Unter die Eigelbmasse rühren. Zum Schluß die steifgeschlagene Sahne unterheben. Die Masse auf den Tortenboden gießen. Im Tiefkühlfach mehrere Stunden lang steif werden lassen. Einige Zeit vor dem Servieren aus dem Gefrierfach holen, damit die Füllung nicht zu hart ist. Eventuell mit frischen Früchten garnieren.

Abb. S. 143
Sesam-öffne-dich-Waffeln, Zimtwaffeln, Roggenwaffeln (Rezepte S. 154)

Waffeln, Teilchen, Kleingebäck

Gefüllte Hörnchen

▷

600 g Weizenvollkornmehl, fein
60 g Hefe
0,3 l Milch
3 El Honig
1 Prise Meersalz
75 g Butter
2 kleine Eier
abgeriebene Schale einer unbehandelten Zitrone

1 Ei
150 g Zitronat, fein gehackt
150 g Orangeat, fein gehackt

Hefe mit Milch und Honig verrühren und kurz gehen lassen. Das Mehl in eine Schüssel geben und die Milch dazurühren. Die beiden Eier, Butter, Zitronenschale und Salz einarbeiten. Gut durchkneten und eine halbe Stunde an einem warmen Ort gehen lassen. Den Teig nochmals kneten, auf einer bemehlten Unterlage dünn ausrollen und in 12 Quadrate zerteilen. Das Ei trennen. Eiweiß verschlagen und auf den Teig streichen. Zitronat und Orangeat auf die Mitte der Quadrate verteilen und diese von einem Ende aus zu Hörnchen aufrollen. Auf ein gefettetes Backblech legen, mit dem verschlagenen Eigelb bepinseln und nochmals kurz gehen lassen. Bei 200 Grad etwa 15 Minuten backen.

Zimtteile

250 g Weizenvollkornmehl, fein
250 g Roggenvollkornmehl
60 g Hefe
0,25 l lauwarme Milch
50 g weiche Butter
5 El Birnendicksaft
Vanillepulver
abgeriebene Schale einer halben unbehandelten Zitrone

1 El Zimt
175 g kalte Butter

Die Hefe mit etwas Milch anrühren und zum Mehl gießen. 50 g Butter, 2 El Birnendicksaft, die Zitronenschale, Vanille und die restliche Milch unterarbeiten. Gut durchkneten und an einem warmen Platz eine Stunde gehen lassen. Den Teig auf einer bemehlten Fläche zu einem Rechteck ausrollen (etwa 20 x 30 cm). In zwei Hälften teilen. Eine Hälfte mit dem restlichen Birnendicksaft bestreichen, die in dünne Scheiben geschnittene Butter darauf verteilen und den Zimt darüberstreuen. Die zweite Teighälfte darüberschlagen und an den Rändern gut festdrücken. Nochmals vorsichtig ausrollen. Den Teig der Länge nach mehrmals übereinanderklappen, so daß eine etwa 6 cm breite, 40 cm lange Rolle entsteht. Eine halbe Stunde ruhen lassen. Die Rolle in 15 Teile teilen. Einzeln auf ein gefettetes, bemehltes Backblech setzen und mit etwas Zimt bestreuen. Bei 200 Grad etwa 25 Minuten backen.

Hefeschnecken

▷

Teig:
30 g Hefe
0,1 l lauwarme Milch
3 El Honig
2 Eier
40 g zerlassene Butter
400 g Weizenvollkornmehl, fein
1 Prise Meersalz

Füllung:
0,1 l Milch
4 El Honig
200 g Mandeln
250 g Rosinen

60 g Butter
1 El Zitronensaft
1 El Honig

Die Hefe mit einem Teil der Milch und 1 El Honig verrühren. Kurz gehen lassen. Mit dem Mehl, der Butter, der restlichen Milch, den verquirlten Eiern, 2 El Honig und dem Salz zu einem geschmeidigen Teig verkneten. Eventuell noch etwas Milch zugeben. An einem warmen Ort eine Stunde gehen lassen.
Für die Füllung die Mandeln mit kochendem Wasser überbrühen, abziehen und mahlen. Rosinen in der heißen Milch einweichen, mit den Mandeln und dem Honig vermischen. Den Teig zu einem Rechteck von etwa 35 x 45 cm ausrollen, mit 60 g zerlassener Butter bestreichen, die Füllung darauf verteilen. Teig von der Schmalseite her aufrollen, in fingerdicke Scheiben zerteilen. Auf einem gefetteten Blech nochmals kurz gehen lassen. Bei 200 Grad etwa 30 Minuten backen. 1 El Honig mit dem Zitronensaft verrühren und über die noch warmen Schnecken pinseln.

Zimtschnecken

450 g Weizenvollkornmehl
0,1 l Milch
40 g Hefe
3 El Honig
1 Prise Meersalz
¼ Tl Kardamom
2 Eier
40 g Butter

2 El Zimt
4 El Vollrohrzucker
100 g weiche Butter

Die Hefe mit dem Honig in der Milch auflösen. Die verschlagenen Eier mit dem Salz, dem Kardamon, dem Mehl und der weichen Butter mischen. Gut verrühren und den weichen Teig an einem warmen Ort gehen lassen. Auf einer bemehlten Fläche fingerdick ausrollen. 100 g Butter mit dem Zucker und dem Zimt verrühren und auf den Teig streichen. Einrollen und von der Rolle etwa 2 cm dicke Scheiben abschneiden. Auf ein bemehltes Backblech legen. Bei 200 Grad 25 bis 30 Minuten backen.

Kirschnudeln

▷

250 g Weizenvollkornmehl
½ Päckchen Trockenhefe
0,125 l lauwarme Milch
8 ml Süßstoff oder 3 El Vollrohrzucker
1 Prise Meersalz
25 g Butter
1 Ei
150 g Sauerkirschen (frisch oder eingekocht)
1 El Milch zum Bestreichen

Das Mehl mit der Hefe vermischen. Milch mit Salz, Süßstoff und Butter zu dem Mehl geben und verkneten. Ei unterkneten. Eine Stunde gehen lassen. Den Teig in 6 Kugeln formen. Jede Kugel mit entsteinten Kirschen füllen. In eine gefettete Auflaufform setzen. Noch einmal gehen lassen, mit Milch bestreichen. Bei 200 Grad etwa 30 Minuten backen.

Kolatschen

Teig:
500 g Weizenvollkornmehl, sehr fein, ausgesiebt
60 g Hefe
0,25 l Milch
90 g Butter
60 g Vollrohrzucker
1 Prise Meersalz
1 Ei

Belag:
300 g Magerquark
50 g Butter
75 g Honig
1 El Pfeilwurzelmehl
1 Ei

220 g gemahlener Mohn
0,2 l Milch
75 g Honig
1 El fein zerbröselte Haferflocken
4 El Pflaumenmus

Hefe mit der lauwarmen Milch und 2 El von dem Mehl verrühren, eine Viertelstunde gehen lassen. Mit der zerlassenen Butter und den restlichen Zutaten einen geschmeidigen Hefeteig kneten. Gut durchschlagen und nochmals eine Stunde gehen lassen.
Quark mit der zerlassenen Butter, dem verschlagenen Ei, Honig und Pfeilwurzelmehl verrühren. Milch mit Haferflocken und Mohn zum Kochen bringen, abkühlen lassen und Honig einrühren.
Den Hefeteig nochmals durchkneten und in faustgroße Kugeln teilen, zu dicklichen Fladen auseinanderziehen. Der Rand soll dicker sein als das Innere. Auf ein gefettetes Backblech legen, nochmals kurz gehen lassen und füllen. Drei Kleckse von der Mohnmasse und drei Kleckse von der Quarkmasse abwechselnd auf jede Kolatsche verteilen. In die Mitte jeweils einen kleineren Klecks Pflaumenmus setzen. 20 bis 25 Minuten bei 200 Grad backen. Nach Belieben kann man die fertigen Kolatschen auch noch mit einer Honigglasur überziehen und mit gerösteten Mandelblättchen bestreuen. Gibt zwei Bleche.

Italienischer Früchtefladen

100 g geröstete, geschälte Haselnüsse
100 g geschälte Mandeln
100 g Zitronat, fein gewürfelt
100 g Orangeat, fein gewürfelt
30 g Kakaopulver
1 Tl Zimt
Vanillepulver
1 Prise Koriander
1 Prise Muskatnuß
¼ Tl Ingwer
1 Prise gemahlene Nelken
50 g Weizenvollkornmehl, ausgesiebt
100 g Honig
90 g Vollrohrzucker
1 Tl Zimt zum Bestreuen

Nüsse und Mandeln grob hacken. Alle trockenen Zutaten bis auf den Zucker mischen. Zucker mit Honig erhitzen, bis der Zucker ganz aufgelöst ist. Die weiteren Zutaten dazugeben und verrühren. Eine mit gefettetem Pergamentpapier ausgelegte Springform mit dem Teig füllen. 20 bis 30 Minuten bei 150 Grad trocknen lassen. Den Fladen vor dem Anschneiden einige Tage ruhen lassen, damit sich das Aroma voll entwickeln kann. 1 Tl Zimt darübersieben. In 16 oder 24 schmale Segmente teilen.

Hefefiguren

500 g Weizenvollkornmehl, fein
0,2 l lauwarme Milch
40 g Hefe
1 Ei
100 g Butter
60 g Honig
1 Prise Meersalz
1 Eigelb
Rosinen, Nüsse, Mandeln zum Garnieren

Die Hefe in der Milch auflösen. Butter erwärmen, Ei leicht verschlagen und alle Zutaten zu einem geschmeidigen Hefeteig kneten. Einige Minuten gut durcharbeiten. Im Kühlschrank ein paar Stunden ruhen lassen. Anschließend eine Stunde gehen lassen und erneut durchkneten. Auf einer bemehlten Fläche ausrollen (etwa fingerdick) und Formen ausschneiden. Diese auf ein gefettetes, bemehltes Backblech legen, noch einmal kurz gehen lassen. Mit dem verschlagenen Eigelb bepinseln und nach Belieben garnieren. In den kalten Backofen schieben und bei 200 Grad etwa 25 bis 40 Minuten backen, je nach Dicke.

TIP

Figuren aus Hefeteig oder Gebildebrote sind besonders zu Festen beliebt: Weihnachtsengel, Osterhasen, Neujahrsbrote und die westfälischen „Stutenkerle", die beim Backen sogar eine tönerne Pfeife in den Mund gesteckt bekommen. Lassen Sie Ihre Kinder mithelfen, sie haben besonderen Spaß an den phantasievollen Figuren und werden sicher viele neue dazuerfinden.

Blaubeerfladen

Teig:
300 g Weizenvollkornmehl
40 g Hefe
0,15 l lauwarme Milch
40 g Vollrohrzucker
120 g ungehärtete Pflanzenmargarine (Reformhaus)
1 Tl Zimt

Belag:
100 g ungehärtete Pflanzenmargarine
30 g geriebene Mandeln
700 g frische Blaubeeren
70 g Vollrohrzucker
1 Tl Zimt

Es sollten nur Blaubeeren verwendet werden, die aus strahlenmäßig nicht mehr belasteten Gebieten stammen.
Die Hefe mit dem Zucker in der Milch auflösen. Mit den weiteren Zutaten zu einem mittelfesten Teig verarbeiten. An einem warmen Ort gehen lassen. Nochmals durcharbeiten und in faustgroße Stücke teilen. Dünne Fladen mit etwas verdickten Rändern formen. Auf ein bemehltes Backblech legen. Nochmals kurz gehen lassen. 30 g Margarine schmelzen und die Fladen damit bestreichen. Mit den geriebenen Mandeln bestreuen. Die gewaschenen, abgetropften Blaubeeren einfüllen. Die restliche Margarine mit Zimt und Zucker verrühren und über den Blaubeeren verteilen. Bei 220 Grad etwa 25 Minuten backen.

Feine Mandelwaffeln

▷

375 g Weizenvollkornmehl, fein
40 g grob gehackte Mandeln
1 gehäufter Tl Weinsteinbackpulver
1 Prise Meersalz
175 g Butter
etwa 0,3 l Milch
3 Eier
3 El flüssiger Honig

Zerlassene Butter, Eier und Honig gut verrühren. Die restlichen Zutaten dazugeben, bis ein leicht flüssiger Teig entstanden ist. Den Teig eine halbe Stunde quellen lassen. Je eine Schöpfkelle Teig in das vorgeheizte Waffeleisen geben und etwa 5 Minuten goldgelb backen. Servieren Sie die Waffeln mit frischem Obst und Mandeln garniert oder mit Vanilleparfait.

TIP

Ein köstliches Vanilleparfait können Sie ganz einfach selber herstellen: 3 Eigelb schaumig schlagen, 75 g Vollrohrzucker zugeben und zu einer cremigen Masse schlagen. 2 El Cognac unterrühren. 0,25 l geschlagene Sahne unterheben und einige Stunden im Gefrierfach erstarren lassen.

Bananenwaffeln mit Sanddorn

Teig:
4 El Butter
2 Eier
etwa ⅓ Tasse Wasser
2 Tl Honig
abgeriebene Schale einer halben unbehandelten Zitrone
2 El Zitronensaft
2 Bananen
Vanillepulver
75 g geriebene Haselnüsse
120 g Dinkel, fein gemahlen

Füllung:
0,2 l Sahne
3 El Sanddornsaft
2 Tl Honig
2 Bananen

Die Butter zerlassen, mit dem Wasser, den verquirlten Eiern, Vanillepulver, 2 Tl Honig, Zitronensaft und -schale und 2 pürierten Bananen verrühren. Dinkelmehl und Nüsse ebenfalls einrühren. Den Teig eine halbe Stunde quellen lassen. Im Waffeleisen portionsweise Waffeln backen. Die Sahne zusammen mit dem Sanddornsaft und dem restlichen Honig steif schlagen. Die beiden Bananen fein würfeln und unterheben. Die Bananensahne auf den warmen Waffeln verteilen und sofort servieren.

Sesam-öffne-dich-Waffeln *(Abb. S. 143)*

200 g Weizenvollkornmehl, sehr fein
100 g Sesam
½ Päckchen Trockenhefe
1 Prise Meersalz
125 g Butter
0,2 l Milch
3 kleine Eier
2 El flüssiger Honig
abgeriebene Schale einer halben unbehandelten Zitrone

Eier, flüssige Butter, Honig, Zitrone, Milch und Salz gut verquirlen. Das Mehl mit der Trockenhefe und der Hälfte des Sesams mischen und zu der Masse hinzugeben. Den leicht flüssigen Teig eine halbe Stunde an einem warmen Ort gehen und quellen lassen.
Waffeleisen vorheizen, einfetten und jeweils mit einigen Sesamkörnern bestreuen. Teig einfüllen und etwa 5 Minuten bei mittlerer Hitze backen.
Waffeln heiß servieren.

Zimtwaffeln *(Abb. S. 143)*

200 g Weizenvollkornmehl, sehr fein
2 Tl Zimt
½ Päckchen Trockenhefe
1 Prise Meersalz
125 g weiche Butter
0,2 l Milch
2 große Eier
3 El flüssiger Honig

Mehl, Trockenhefe, Salz, Butter, Milch, Eier, Zimt und Honig zu einem leicht flüssigen Teig verarbeiten. Eine halbe Stunde gehen und ausquellen lassen. Im vorgeheizten Waffeleisen jede Waffel etwa 5 Minuten backen. Warm servieren.

Roggenwaffeln *(Abb. S. 143)*

150 g Roggenvollkornmehl, fein, ausgesiebt
50 g Weizenvollkornmehl, sehr fein
1 Prise Meersalz
1 Tl Weinsteinbackpulver
2 El Ahornsirup
0,2 l Milch
125 g Butter
3 kleine Eier

Butter zerlassen. Alle Zutaten zu einem glatten Teig gut verrühren. Knapp eine halbe Stunde ausquellen lassen. Den dickflüssigen Teig portionsweise im vorgeheizten Waffeleisen bei mittlerer Hitze je etwa 5 Minuten backen. Warm servieren.

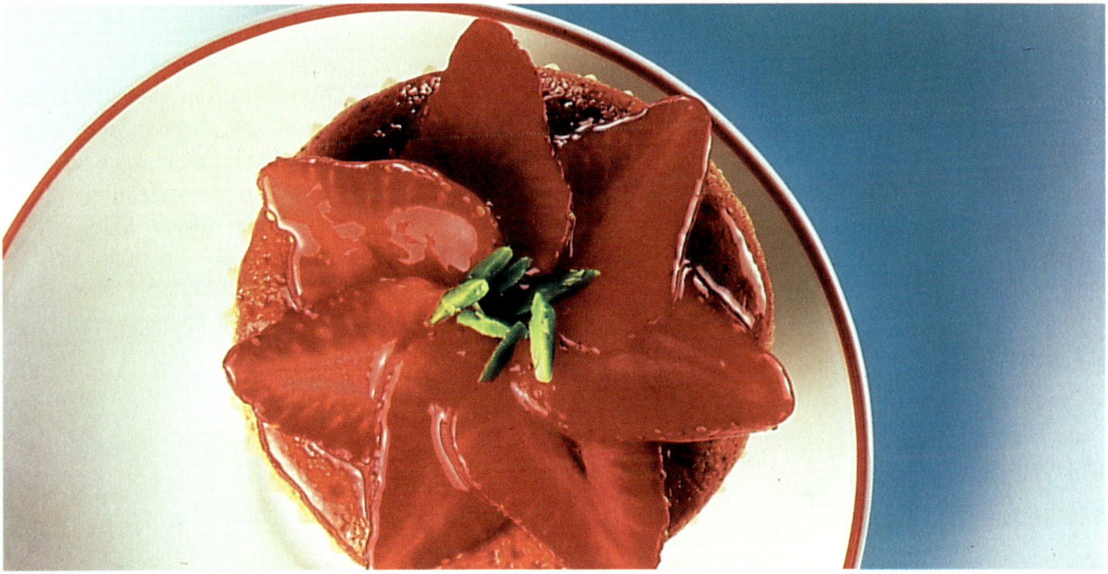

Erdbeertörtchen

△

Teig:
2 Eier
1 El heißes Wasser
1 El Vollrohrzucker
2 El Weizenvollkornmehl, sehr fein
2½ El Speisestärke
1 gestrichener Tl Weinsteinbackpulver
25 g fein geriebene Mandeln

Belag:
250 g Erdbeeren
0,125 l Apfelsaft
½ Tl Agar Agar
1 El Honig
1 Tl gestiftete Pistazien

10 Papierbackförmchen

Eier trennen. Eiweiß steif schlagen. Eigelb mit dem Wasser und dem Zucker schaumig rühren. Eiweiß daraufgleiten lassen. Die trockenen, gemischten Zutaten darübersieben. Zusammen mit den Mandeln locker unterheben. In die Papierförmchen füllen und bei 180 Grad etwa 12 Minuten backen.
Die Erdbeeren in Scheiben schneiden und auf dem erkalteten Gebäck verteilen. Agar Agar mit wenig Apfelsaft verrühren. Den Apfelsaft mit Honig aufkochen, Agar Agar einrühren und eine Minute mitkochen. Etwas abkühlen lassen und auf den Törtchen verteilen. Zum Schluß mit den Pistazienstiften garnieren.

Erdbeernester

▷

Teig:
220 g Weizenvollkornmehl, sehr fein, ausgesiebt
1 Tl Weinsteinbackpulver
1 Ei
1 Eigelb
1 Prise Meersalz
5 El Honig
100 g Butter

Belag:
1 Tasse Erdbeersaft
600 g Erdbeeren
½ Tl Biobin (Reformhaus)
3 El Mandelblättchen

Mehl und Backpulver mischen. Ei, Salz, Honig und Butterflöckchen zügig unterkneten. Kurz ruhen lassen. Teig auf einer bemehlten Fläche dünn ausrollen und etwa 8 kleine Tortenförmchen damit auslegen. Einen Rand stehen lassen. 15 bis 20 Minuten bei 200 Grad backen.

Die Erdbeeren säubern und halbieren. Die ausgekühlten Törtchen damit belegen. Den Erdbeersaft mit dem Biobin verrühren und über den Erdbeeren verteilen. Mit den leicht gerösteten Mandelblättchen bestreuen. Mit Sahne servieren.

Erdbeeren auf Buchweizenbiskuit

▷

5 Eier
100 g Honig
2 El heißes Wasser
etwas Naturvanille (Reformhaus)
180-200 g sehr fein gemahlenes Buchweizenmehl (Reformhaus)
¼-½ l Sahne
1-2 El Honig
1 kg Erdbeeren

Aus Eigelb, Honig, Wasser und Vanille eine Schaummasse herstellen. Eiweiß sehr steif schlagen und auf die Masse geben, ebenfalls das sehr steif gemahlene Buchweizenmehl. Alles miteinander vermengen.
Die Masse auf ein mit Pergamentpapier ausgelegtes Backblech ausstreichen oder in eine Springform geben und im vorgeheizten Backofen etwa 20 Minuten bei 180 Grad backen. Den Teig auskühlen lassen. Die Sahne sehr steif schlagen, mit etwas Honig süßen. Auf dem Biskuitboden ausstreichen und mit den gewaschenen, entstielten und wenn nötig blättrig geschnittenen Erdbeeren belegen.
Sofort servieren.

Ananasteile

Teig:
3 Eier
3 El heißes Wasser
1 Tl Vollrohrzucker
50 g Weizenvollkornmehl, sehr fein
30 g Speisestärke
1 El Kakaopulver
2 Tl Weinsteinbackpulver

Belag:
0,1 l Fruchtsaft oder Wasser
8 Scheiben Ananas
½ Tl Agar Agar
1 Tl Honig
einige Kirschen
1 Tl Pistazien

Eier trennen. Eiweiß steif schlagen. Eigelb mit Wasser und Zucker schaumig rühren. Eischnee dazugeben. Mehl mit den restlichen Zutaten mischen und auf die Masse sieben. Locker unterheben. In eine gefettete Rehrückenform füllen und etwa 20 Minuten bei 200 Grad backen. Auskühlen lassen und in 15 Teile schneiden. Jeweils mit einer halbierten Ananasscheibe und einer Kirsche belegen. Agar Agar mit wenig Fruchtsaft verrühren. Restlichen Saft aufkochen, Agar Agar einrühren und eine Minute mitkochen. Mit dem Honig vermischen und etwas abkühlen lassen. Über die Ananas gießen und mit den gestifteten Pistazien verzieren.

Obstgarten-Törtchen

Teig:
125 g weiche Butter
1 Ei
90 g Vollrohrzucker
250 g Weizenvollkornmehl

Creme:
1 El Speisestärke
2 El Zucker
2 Eigelb
Vanillepulver
0,2 l Milch

Belag:
700 g gemischtes Obst: Weintrauben, Pfirsiche, Zwetschgen und Aprikosen
etwa 100 g Aprikosenkonfitüre

Aus den Zutaten für den Teig eine geschmeidige Masse kneten und eine Stunde im Kühlschrank ruhen lassen. Auf einer bemehlten Fläche dünn ausrollen und in gefettete Törtchen-Formen einpassen. Die Törtchen bei 175 Grad etwa 20 Minuten backen. Speisestärke mit Zucker, Vanille und Eigelb verrühren. Die Milch aufkochen, zu der Eimasse gießen und mit dem Rührbesen gut verschlagen. Nochmals kurz aufkochen und anschließend abkühlen lassen. Pfirsiche und Aprikosen mit heißem Wasser überbrühen und Haut abziehen. Das Obst in Spalten schneiden. Die abgekühlte Creme auf den Törtchen verteilen. Obst hineinlegen. Die Konfitüre erwärmen und das Obst sehr dünn damit bestreichen.

Pfirsichtörtchen

60 g weiche Butter
1 Ei
60 g Vollrohrzucker
100 g Weizenvollkornmehl, fein
1 Tl Weinsteinbackpulver
40 g fein geraspelte Zartbitterschokolade
3 Pfirsiche (evtl. Konserve)
1 El Aprikosenkonfitüre
1 El Wasser
Papierbackförmchen

Butter schaumig rühren, mit Ei und Zucker mischen, bis eine einheitliche Masse entsteht. Das mit dem Backpulver gemischte Mehl nach und nach unterrühren, die Schokolade untermischen. Die Pfirsiche mit kochendem Wasser überbrühen und Schalen abziehen. Entkernen und in dünne Spalten schneiden. Den Teig in 8 Backförmchen füllen, die Pfirsichspalten darauf verteilen. Etwa 15 Minuten bei 190 Grad backen. Konfitüre mit dem heißen Wasser verrühren und auf die noch heißen Törtchen pinseln.

Beschwipste Kiwitörtchen

Teig:
1 El Sahne
1 El Weißwein
1 El Rum
40 g Vollrohrzucker
1 Eigelb
125 g Weizenvollkornmehl
50 g Butter

Füllung:
400 g Doppelrahmfrischkäse
3 Gläschen Eierlikör
Vanillepulver
3 El Honig
Beliebiges Obst zum Garnieren

Den Käse mit einer Gabel zerdrücken, Vanille, Honig und Eierlikör daruntermischen. Zutaten für den Teig mischen, gut verkneten und ruhen lassen. In 16 Teile zerteilen, gefettete Törtchenformen damit auslegen und bei 200 Grad etwa 20 Minuten backen. Die erkalteten Törtchen mit der Käsemasse füllen (am besten mit einem Spritzbeutel), mit dem Obst üppig garnieren.

Mandelkrapfen

150 g feingemahlenen Weizenschrot (Reformhaus)
350 g Weizenmehl (Typ 1050, Reformhaus)
1 Würfel Hefe
0,25 l Milch
50 g Vollrohrzucker
3 Eier
30 g ungehärtete Pflanzenmargarine
50 g Marzipanrohmasse (Reformhaus)
1 Platte Kokosfett
2 El Honig
etwas heißes Wasser
2 El Mandelblättchen

Weizenschrot und Mehl in eine Schüssel geben, in die Mitte eine Mulde drücken. Hefewürfel mit Zucker und etwas lauwarmer Milch verrühren und in die Mehlmulde geben. Etwa 15 Minuten gehen lassen. Aus dem restlichen Zucker, Eiern, Margarine und Marzipanrohmasse eine Schaummasse rühren und zusammen mit dem Vorteig zu einem glatten Hefeteig verarbeiten (gut kneten). Nochmals etwa 30 Minuten gehen lassen, dann gleichmäßige Kugeln formen und diese nochmals gehen lassen. In heißem Pflanzenfett fritieren, danach abtropfen lassen. Honig mit etwas heißem Wasser verdünnen und die Krapfen damit bestreichen. Mit Mandelblättchen bestreuen.

Honigkrapfen

500 g Weizenmehl (Type 1050, Reformhaus)
1 Tl Vollrohrzucker
40 g Hefe
0,15 l Milch
0,15 l Wasser
1 Ei
1 Prise Meersalz
5 El flüssiger Honig
Saft einer Orange
abgeriebene Schale einer halben ungespritzten Orange
1 Platte Kokosfett

Mehl in eine Schüssel sieben. Hefe mit dem Zucker und wenig von dem Wasser verrühren. Eine Mulde ins Mehl drücken, Hefewasser hineingießen, kurz gehen lassen. Die restlichen Zutaten einarbeiten, gut durchkneten und eine halbe Stunde gehen lassen. Nochmals durchkneten. Den Teig etwa 3 cm dick auf einer bemehlten Oberfläche ausrollen. Mit einer Tasse (etwa 6 cm Durchmesser) Krapfen ausstechen. Wieder eine halbe Stunde gehen lassen. Das Kokosfett in einem großen Topf heiß werden lassen. Immer 3 bis 4 Krapfen auf einmal in dem Fett schwimmend ausbacken, von jeder Seite 3 bis 4 Minuten. Bei der zweiten Seite die Hitze etwas zurückdrehen. Auf einem Kuchengitter abtropfen lassen. Nach Belieben mit Vollrohrzucker bestreuen.

Mandeltörtchen

▷

40 g ungehärtete Pflanzenmargarine
80 g Streusüße
Mark von 1 Vanilleschote
125 g Weizenvollkornmehl
1 Messerspitze Weinsteinbackpulver
0,1 l Buttermilch
1 Eiweiß
2 El Mandelblättchen
8 Papierförmchen (Durchmesser 6 cm)

Margarine, Streusüße und Vanillemark in eine Schüssel geben und schaumig rühren. Das Mehl mit dem Backpulver mischen und abwechselnd mit der Buttermilch unter die Margarinecreme rühren. Das Eiweiß zu steifem Schnee schlagen und unterheben. Den Teig in die Papierförmchen füllen, mit Mandelblättchen bestreuen und im vorgeheizten Backofen bei 175 Grad etwa 30 Minuten backen. Die Törtchen abkühlen lassen und servieren.

Ergibt 8 Törtchen.

Quarkblätterteig-Teile

Teig:
250 g Butter
250 g Weizenvollkornmehl, sehr fein
¼ Tl Weinsteinbackpulver
250 g Magerquark
1 Prise Meersalz

Füllung 1:
200 g gemahlene Nüsse
100 g Honig
1 Ei
1 Tl Rum

Füllung 2:
250 g Magerquark
50 g Vollrohrzucker
1 Ei
50 g Rosinen
Vanillepulver

1 Eigelb zum Bestreichen

Die Zutaten für den Teig gut miteinander verkneten. Auf einer bemehlten Fläche ausrollen. Seiten doppelt übereinanderschlagen, wieder zu einer dünnen Teigplatte ausrollen. Noch zweimal Seiten übereinanderschlagen und ausrollen. Zum Schluß wieder übereinanderschlagen und im Kühlschrank eine Stunde ruhen lassen. Den gekühlten Teig etwa 5 mm dick ausrollen und in etwa 15 cm große Quadrate teilen. Nach Belieben Füllung 1 oder 2 zubereiten: Jeweils das schaumig gerührte Ei mit den restlichen Zutaten mischen. Die Teigvierecke füllen: Je 1 El Füllung in die Mitte der Teigplatte legen. Die Teigplatte nun entweder diagonal zuklappen, so daß ein Dreieck entsteht, oder in der Mitte falten, so daß eine rechteckige Teigtasche entsteht. Die Ränder innen mit etwas Milch bepinseln und gut andrücken, damit die Füllung nicht ausläuft. Die rechteckigen Teigtaschen an der offenen Seite alle 5 mm 2 cm tief einschneiden, so daß sie kammartig aussehen. Auf ein gefettetes Blech legen und mit dem leicht verschlagenen Eigelb bepinseln. Bei 210 Grad 20 bis 30 Minuten backen.

Ungarische Paradeschnitten

Teig:
100 g Butter
80 g Vollrohrzucker
2 Eigelb
175 g Weizenvollkornmehl, fein
½ Päckchen Weinsteinbackpulver
1 Prise Meersalz

Makronenmasse:
4 Eigelb
175 g Vollrohrzucker
Vanillepulver
200 g gemahlene Walnüsse (oder Haselnüsse)
6 Eiweiß

Die weiche Butter mit Eigelb und Zucker schaumig rühren, mit den restlichen Zutaten mischen. Den Teig etwa 5 mm dick auf ein gefettetes Backblech streichen.
Eigelb mit dem Zucker und der Vanille einige Minuten schaumig schlagen. Eiweiß steif schlagen. Nüsse und Eiweiß unter die Eimasse heben und gut vermengen. Die Nußmasse auf den Teig streichen. Auf der mittleren Schiene etwa 20 bis 25 Minuten bei 200 Grad backen. Die Teigplatte etwas abkühlen lassen und in etwa 2 x 8 cm große Schnittchen schneiden.

Müslibissen

▷

125 g Butter
200 g Vollrohrzucker
1 Ei
Vanillepulver
225 g Weizenvollkornmehl
½ Tl Weinsteinbackpulver
1 Prise Meersalz
1 Tl Zimt
1150 g Knusper-Müsli
100 g Schokolade mit Rohrzucker
150 g Vollmilch-Kuvertüre

Butter mit dem Zucker schaumig rühren, das Ei unterschlagen. Vanille mit Backpulver, Salz und Zimt mit dem Mehl vermischen, unter die Eiermasse rühren. Den Teig gut durchkneten. Zum Schluß die Knusperflocken und die gehackte Schokolade unter den Teig mischen. In eine gefettete rechteckige Backform (etwa 22 x 30 cm) geben, glattstreichen und festdrücken. Bei 175 Grad 20 bis 25 Minuten backen, bis der Teig leicht aufgegangen und hellbraun ist. In der Zwischenzeit die Kuvertüre schmelzen. Die gebackene Teigplatte auskühlen lassen, aus der Form nehmen und in fingerdicke Riegel schneiden. Je zur Hälfte in die Kuvertüre tauchen und trocknen lassen.

Nußecken

Teig:
125 g Butter
70 g Honig
2 Eier
Vanillepulver
1 Prise Meersalz
300 g Weizenvollkornmehl
1 gestrichener Tl Weinstein-backpulver

Belag:
5 El Johannisbeergelee
200 g Butter
150 g Honig
Vanillepulver
4 El Wasser
200 g fein gemahlene Haselnüsse
200 g gehackte Haselnüsse
Kuvertüre

Die weiche Butter mit dem Honig, der Vanille, dem Salz und den Eiern schaumig rühren. Das mit dem Backpulver vermischte Mehl einarbeiten. Den Teig eine halbe Stunde im Kühlschrank ruhen lassen. Auf ein gefettetes Backblech ausrollen. Gelee erwärmen und gleichmäßig auf die Teigplatte streichen.
Für den Belag die weiche Butter mit dem Honig schaumig rühren. Wasser und Vanille untermischen und die Nüsse unterrühren. Die Masse auf der Teigplatte verteilen und mit einer Gabel andrücken. Im Backofen bei 175 Grad etwa 25 Minuten auf der zweituntersten Schiene backen. Die letzten 5 Minuten mit Alufolie abdecken, damit der Belag nicht zu dunkel wird. Nach dem Backen die Teigplatte zunächst in etwa 24 Vierecke teilen. Diese diagonal halbieren. Die erkalteten Dreiecke mit den Ecken in die erwärmte Kuvertüre tauchen.

Knusper Knusper

125 g sehr weiche Butter
250 g Honig
2 El Sahne
2 El Rum
Vanillepulver
1 Prise Meersalz
2 Tl Zitronensaft
2 Tl Zimt
125 g geriebene Haselnüsse
150 g Hirse, fein gemahlen
225 g Weizenvollkornmehl, sehr fein
1 Messerspitze Weinstein-backpulver

Butter, Honig, Sahne, Rum und Gewürze schaumig rühren. Die restlichen Zutaten zufügen und einige Stunden quellen lassen. Den Teig 1 cm dick auf ein eingefettetes Backblech streichen (gibt etwa ein halbes Blech). Bei 175 Grad etwa 40 Minuten goldbraun backen. In fingergroße Happen schneiden.

Kekse, Plätzchen, Schleckereien

Nürnberger Elisenlebkuchen

2 Eier
200 g Vollrohrzucker
1 El Honig
1 Päckchen Vanillezucker
1 Messerspitze gemahlene Nelken
1 Tl Zimt
1 El Rum
abgeriebene Schale einer halben unbehandelten Zitrone
50 g Zitronat, sehr fein gehackt
50 g Orangeat, sehr fein gehackt
125 g geriebene Mandeln
1 Messerspitze Weinsteinbackpulver
etwa 100 g geriebene Haselnüsse
einige halbierte, abgezogene Mandeln
runde Vollkornoblaten (6 cm Durchmesser)
2 El Honig
1 Tl Zitronensaft
Kuvertüre

Die Eier mit dem Zucker etwa 10 Minuten lang sehr schaumig schlagen, bis sich der Zucker vollständig aufgelöst hat. Honig, Rum und Gewürze einrühren. Zitronat, Orangeat, Mandeln, Backpulver und Nüsse untermischen. Den weichen Teig mit Hilfe eines feuchten Messers bergartig auf die Oblaten streichen. Die Hälfte der Lebkuchen mit je 3 oder 4 Mandelhälften garnieren. Bei 175 Grad etwa 20 Minuten backen. Die fertigen Lebkuchen nach Belieben mit einem Guß versehen: Die mit Mandeln garnierten Teile noch heiß ganz dünn mit der Honig-Zitronensaft-Mischung bestreichen. Die andere Hälfte erkalten lassen und mit flüssiger Kuvertüre bepinseln.

Stachelbeer-Nuß-Ecken

Teig:
100 g Butter
60 g Vollrohrzucker
1 Ei
1 Prise Meersalz
190 g Weizenvollkornmehl
½ Tl Weinsteinbackpulver

Belag:
½ Glas Stachelbeermarmelade (etwa 200 g)
100 g Butter
Vanillepulver
3 El Honig
220 g Haselnüsse
1 Prise gemahlene Nelken
¼ Tl Ingwer
1 Tl Zimt

Die weiche Butter mit dem Zucker schaumig rühren, Ei zufügen und weiterrühren. Das mit Salz und Backpulver vermischte Mehl untermischen. Den Teig eine Stunde ruhen lassen und anschließend auf ein gefettetes Backblech oder in eine große rechteckige Auflaufform drücken, etwa 6 mm dick. Marmelade erwärmen, bis sie leicht flüssig ist, und auf den Teig streichen. Die Haselnüsse mahlen. Butter verflüssigen, mit der Vanille, dem Honig und den Gewürzen verrühren. Haselnüsse unterrühren und die Masse auf der Marmelade verteilen. Bei 175 Grad etwa 25 Minuten backen. Die Platte lauwarm in kleine Dreiecke zerschneiden (Plätzchen-Größe).

Weihnachtsstollen

▷

Teig:
250 g Mehl (Type 405, Reformhaus)
1 Päckchen Trockenbackhefe
½ l Magermilch
14 ml Süßstoff
etwas Mark einer Vanilleschote
1 Prise Salz
2 El Rum
etwas Zitronenschale und geriebene Bittermandeln
1 Messerpitze Muskatblüte, Kardamom und Nelken, gemahlen
50 g Butter
50 g Rosinen
25 g Korinthen
75 g gemahlene Mandeln
10 g feingehacktes Zitronat
10 g Butter

Mehl in eine Schüssel sieben, Trockenbackhefe untermischen. Milch mit Süßstoff und Vanillemark leicht erwärmen. Mit den Gewürzen und dem sehr weichen Fett zum Mehl geben. Alles mit den Knethaken des elektrischen Handrührgerätes gut verkneten. An einem warmen Ort zugedeckt bis zur doppelten Größe gehen lassen. Dann Rosinen, Korinthen, Mandeln und Zitronat mit den Händen rasch unterkneten. Den Teig zu einem Stollen formen und auf ein gefettetes Backblech legen. Nochmals etwa 30 Minuten gehen lassen und dann im auf 250 Grad vorgeheizten Backofen etwa 35 Minuten backen. Dabei Temperatur auf 175 Grad zurückschalten. Den Stollen sofort nach dem Backen mit flüssiger Butter bestreichen. Gut auskühlen lassen, in Alufolie verpacken, erst nach einigen Tagen anschneiden.

Lebkuchenschnitten

150 g Honig, 4 Eier
75 g fein geschnittenes Zitronat
1 Tl Zimt
1 Prise gemahlene Nelken
1 Prise Piment
1 Prise Kardamom
etwas Vanillepulver
200 g geriebene Mandeln
250 g Weizenvollkornmehl, fein
2 gestrichene Tl Weinsteinbackpulver
Vollkornoblaten
abgezogene Mandeln zum Garnieren

Eier, Honig und Vanille schaumig schlagen. Zitronat, Gewürze und Mandeln zufügen. Backpulver mit dem Mehl vermischen und unter die Eier-Honig-Masse rühren. Den Teig fingerdick auf längliche Oblaten streichen. Das Messer zwischendurch immer wieder in kaltes Wasser tauchen, damit der Teig nicht kleben bleibt. Mit je drei oder vier Mandeln belegen. Bei 180 Grad etwa 15 bis 20 Minuten backen.

TIP

Mandeln für die Weihnachtsbäckerei entschälen Sie, indem Sie sie mit kochendem Wasser übergießen und einige Minuten darin ziehen lassen. Die Schalen lösen sich von selbst und brauchen nur noch abgezogen zu werden.

Honigherzen mit Roggenschrot

250 g Honig
500 g Rübensirup
etwa 0,1 l Wasser
500 g Weizenvollkornmehl, fein
300 g Roggenschrot, fein
1 Tl Hirschhornsalz
2 Tl Pottasche
1 El Milch

200 g Honigmarzipan oder Marzipanrohmasse
50 g Honig
2 Eiweiß
100 g Trockenfrüchte (oder kandierte Früchte), gehackt
100 g abgezogene, gehackte Mandeln
300 g Kuvertüre
Mandeln zum Dekorieren

Honig und Sirup mit dem Wasser aufkochen und abkühlen lassen. Weizenmehl, Roggenschrot und Hirschhornsalz mit der Honigmasse verkneten. Pottasche in der Milch auflösen und zu dem Teig mischen. Den Teig in einer abgedeckten Schüssel ein bis zwei Tage bei Zimmertemperatur ruhen lassen.
Das Marzipan mit dem Honig, dem leicht geschlagenen Eiweiß, den Trockenfrüchten und Mandeln mischen. Den Honigteig gut 1 cm dick ausrollen und Herzformen ausstechen. Die Füllung auf der Hälfte der Herzen jeweils in der Mitte verteilen. Ein zweites Herz darüberlegen und an den Rändern andrücken. Die Herzen bei etwa 200 Grad 20 bis 30 Minuten backen (zweituntersterste Schiene).
Nach dem Erkalten mit der geschmolzenen Kuvertüre bestreichen und mit den abgezogenen Mandeln garnieren.

Vanille-Kipferl

▷

220 g Mehl
100 g abgezogene Mandeln
1 Ei
Mark einer Vanilleschote
100 g Fruchtzucker
175 g Butter

Mehl, Mandeln, Ei, Vanillemark und Fruchtzucker in eine Schüssel geben. Die Butter in Flöckchen hinzufügen. Alles mit dem Knethaken eines Rührgerätes zu einem glatten Teig verarbeiten. Den Teig ungefähr eine Stunde in den Kühlschrank stellen. Auf einer bemehlten Arbeitsfläche kleine Rollen formen und zu Kipferln biegen. Auf ein mit Backpapier ausgelegtes Backblech setzen. 16 Minuten im vorgeheizten Backofen bei 175 Grad hellgelb backen. Nach dem Backen sofort vom Papier lösen, noch heiß mit Fruchtzucker bestreuen.

Dattelberge

▷

3 Eiweiß
150 g Vollrohrzucker
250 g Mandelstifte
250 g kleingeschnittene Datteln
kleine runde Vollkornoblaten

Die Eiweiß sehr steif schlagen. Dabei nach und nach den Zucker einrieseln lassen und weiterschlagen, bis er sich vollständig aufgelöst hat. Mandelstifte und Datteln unterrühren.

Mit Hilfe von zwei Teelöffeln kleine Häufchen der Masse auf den Oblaten verteilen. Bei 175 Grad 20 bis 25 Minuten goldgelb backen.

Mandel-Hagebutten-Makronen

3 Eiweiß
200 g Vollrohrzucker
250 g fein geriebene Mandeln
2 geriebene Bittermandeln
3 El Hagebuttenmark
kleine runde Vollkornoblaten

Eiweiß steif schlagen. Zucker, Mandeln, Bittermandeln unterrühren. Mit Hilfe von zwei Teelöffeln kleine Häufchen der Masse auf die Oblaten setzen. In die Mitte jeweils eine kleine Vertiefung drücken und mit einem Tupfer Hagebuttenmark füllen. Bei 160 Grad etwa 20 Minuten backen.

Milchfruchtis

▷

100 g Trockenfrüchte gemischt
5 El Milch
1 El Ahornsirup
1 Ei
1 El Honig
Vanillepulver
1 Prise Meersalz
100 g gehobelte Haselnüsse
100 g gemahlene Haselnüsse
5 El Corn-flakes
runde Vollkornoblaten

Trockenfrüchte mit Milch und Ahornsirup ca. 1 Stunde einweichen. Inzwischen Ei, Honig, Vanillezucker und Salz zu einer dickschaumigen Creme verrühren. Die eingeweichten Früchte mit den gehobelten und gemahlenen Haselnüssen verrühren. Die dickschaumige Eimasse daraufgeben und zusammen mit den Corn-flakes unterheben. Oblaten (6 cm Durchmesser) auf ein Blech verteilen. Mit einem Teelöffel kleine Häufchen daraufsetzen. Im Ofen bei 175 Grad etwa 20 Minuten backen. Auskühlen lassen und in einer Blechdose, jede Lage mit Pergamentpapier getrennt, aufbewahren.

Mandelfinger

▷

125 g Weizenvollkornmehl, sehr fein
1 Tl Weinsteinbackpulver
70 g Vollrohrzucker
60 g Butter
1 Prise Meersalz
125 g Magerquark

½ Eigelb zum Bestreichen
2 El Mandelblättchen
2 El Johannisbeer- oder Himbeergelee
Kuvertüre

Aus den Zutaten einen Quarkblätterteig herstellen: Mehl mit Backpulver in eine Schüssel sieben. Nach und nach Zucker, Salz, Butter und Quark zugeben und gut verkneten. Auf einer bemehlten Fläche dünn ausrollen. Mehrmals übereinanderschlagen und wieder ausrollen. Den Vorgang noch zweimal wiederholen. Den Teig mehrere Stunden im Kühlschrank ruhen lassen. Dünn ausrollen (nicht mehr kneten!) und mit dem Backrädchen etwa fingerdicke Streifen radeln. In 6 cm lange Abschnitte unterteilen. Auf ein gut gefettetes Backblech legen und mit dem leicht verschlagenen Eigelb bestreichen. Die Mandelblättchen darüberstreuen und andrücken. Bei 200 Grad etwa 12 Minuten backen. Sofort vom Blech lösen. Je zwei abgekühlte Stangen mit einem Tupfer Gelee zusammensetzen und eine Seite in die geschmolzene Kuvertüre tunken.

Nougattaler

2 El Butter
80 g feine Haferflocken
300 g Weizenvollkornmehl, fein
175 g Butter
125 g Vollrohrzucker
1 Ei

etwa 100 g feines Nougat (Reformhaus)
30 g geriebene Walnüsse

Die Haferflocken in 2 El Butter goldgelb rösten. Mit dem leicht verschlagenen Ei, der Butter und den weiteren Zutaten zu einem glatten Teig verkneten. Auf einer gut bemehlten Fläche etwa 5 mm dick ausrollen. Mit einem Glas runde Plätzchen ausstechen (4 cm Durchmesser). Auf ein gefettetes Backblech legen und bei 200 Grad etwa 10 Minuten backen. Während die Taler auf einem Gitter auskühlen, die Füllung vorbereiten. Das Nougat leicht erwärmen, bis es flüssig ist, und mit den Walnüssen vermischen. Die Hälfte der Taler dünn damit bestreichen und je zwei Taler zusammensetzen. Trocknen lassen.

Orangenkekse

200 g Dinkelvollkornmehl, fein
1 Prise Meersalz
1 Prise Weinsteinbackpulver
100 g geriebene Mandeln
120 g Vollrohrzucker
120 g Butter
1 Ei
1 Prise Meersalz
abgeriebene Schale von zwei unbehandelten Orangen
abgeriebene Schale einer unbehandelten Zitrone
Vanillepulver
50 g geriebene Mandeln zum Rollen
2 El Honig für die Glasur
2 El Orangensaft

Die kalte Butter mit den Gewürzen, dem Ei, den Mandeln, dem Salz und dem Mehl zügig zu einem Mürbeteig verarbeiten. Zu etwa 3 cm dicken Rollen formen und im Kühlschrank eine Stunde ruhen lassen. Die Rollen in 50 g geriebenen Mandeln wälzen. Mit dem Messer knapp 5 mm dicke Scheiben abschneiden. Auf einem gefetteten Backblech bei 200 Grad etwa 12 Minuten backen. Aus Honig und Orangensaft eine Glasur rühren und mit dem Pinsel auf den noch heißen Keksen verteilen.

Weiche Orangenplätzchen

250 g fein geraspelte Karotten
200 g geriebene Nüsse
3 Eier
Saft einer Orange
abgeriebene Schale einer unbehandelten Orange
180 g Vollrohrzucker
0,1 l Sahne
Vanillepulver
50 g Orangeat, fein gehackt
130 g Weizenvollkornmehl
2 Tl Weinsteinbackpulver

Die Eier trennen, Eiweiß steif schlagen. Eigelb mit Sahne schaumig rühren. Mehl mit dem Backpulver mischen. Alle Zutaten vorsichtig vermengen, zuletzt den Eischnee unterheben. Den weichen Teig auf ein gefettetes Backblech streichen und bei 175 Grad etwa 30 Minuten backen. In kleine Dreiecke oder Rauten schneiden.

Sesamhäufchen

▷

125 g Pflanzenmargarine
150 g Vollrohrzucker
2 kleine Eier
300 g Weizenvollkornmehl, fein
2 El Milch
100 g Rosinen
100 g Sesam
1 Prise gemahlene Muskatnuß

Margarine, Zucker und Ei schaumig schlagen. Mehl und Milch dazurühren, die restlichen Zutaten unterheben. Eine Stunde im Kühlschrank ruhen lassen. Kleine Häufchen Teig auf ein gefettetes Backblech setzen und bei 200 Grad etwa 15 Minuten backen.

Orangenbissen

5 El Orangensaft
abgeriebene Schale einer unbehandelten Orange
1 Prise Meersalz
Vanillepulver
100 g Weizenvollkornmehl
100 g Kokosraspeln
etwa 5 El Distelöl
1 Ei

Das Ei mit dem Zucker schaumig schlagen. Die weiteren Zutaten zufügen und mischen, bis eine cremige Masse entsteht. Mit Hilfe von zwei Teelöffeln kleine Häufchen auf ein gut gefettetes und bemehltes Backblech setzen. Bei 175 Grad etwa 15 Minuten backen. Sofort vom Blech lösen.

Sesam-Frucht-Berge

▷

80 g Feigen
80 g Datteln
40 g Zitronat
150 g Mandelblättchen
70 g Sesam
1 Prise Meersalz
Vanillepulver
2 El Weizenvollkornmehl
50 g Butter
0,125 l Milch
0,125 l Sahne
100 g Honig
kleine runde Vollkornoblaten

Das Trockenobst sehr fein würfeln. Die trockenen Zutaten damit mischen. Butter, Milch, Sahne und Honig aufkochen. Die Früchtemischung einrühren und 5 Minuten köcheln lassen. Mit dem Messer auf die Oblaten streichen. Bei 175 Grad etwa 20 Minuten backen.

Feigenküsse

▷

200 g Feigen
50 g Rosinen
Vanillepulver
3 Eier
50 g Vollrohrzucker
0,25 l Orangensaft
300 g geriebene Mandeln
50 g Weizenvollkornmehl, fein
2 gehäufte Tl Weinsteinbackpulver

Feigen und Rosinen fein hacken. Im Orangensaft einweichen und mit dem Mixstab pürieren. Eier trennen. Eigelb mit Zucker schaumig schlagen, mit der Fruchtmasse und den restlichen Zutaten mischen. Eiweiß steif schlagen und unterheben. Die Masse in kleinen Häufchen auf ein gut gefettetes und bemehltes Backblech setzen. Bei 175 Grad etwa 20 Minuten backen. Sofort vom Blech lösen.

TIP

Weiche Kekse lagert man am besten zwischen mehreren Lagen Pergamentpapier in Blechdosen.

Schnelles Teegebäck

3 Eier
3 El Honig
abgeriebene Schale einer unbehandelten Zitrone
½ Tl Vanillepulver
150 g Weizenvollkornmehl, fein gemahlen
2 Tl Weinsteinbackpulver
2 El gehackte Mandeln

Die Eier mit dem Honig einige Minuten lang schaumig rühren. Zitronenschale, Vanille und das mit dem Backpulver vermischte Mehl unterheben.
Mit Hilfe von zwei Teelöffeln kleine Häufchen auf ein gut gefettetes Backblech setzen und dünn mit den gehackten Mandeln bestreuen. Bei knapp 200 Grad 10 bis 15 Minuten backen. Sofort nach dem Backen vom Blech heben.

Feine Ingwerplätzchen ▷

225 g Weizenvollkornmehl, sehr fein
1 Tl Weinsteinbackpulver
3 El Akazienhonig
1 Ei, 1 Eiweiß
2 El gemahlener Ingwer
abgeriebene Schale einer unbehandelten Orange
100 g kalte Butter
1 Eigelb zum Bestreichen
Pistazien

Mehl mit dem Backpulver mischen. Honig, Ei, Eiweiß, Ingwer und Orangenschale hineingeben. Zum Schluß die Butter in Flöckchen schneiden und alles zügig zu einem geschmeidigen Teig verkneten.
Den Teig in einer abgedeckten Schüssel eine Stunde im Kühlschrank kühl stellen. Portionsweise zwischen zwei Folienstücken dünn ausrollen und beliebige Plätzchen ausstechen, auf ein gefettetes Backblech legen. Das Eigelb leicht schlagen und die Plätzchen damit bestreichen. Mit je einer Pistazie garnieren. Bei 180 Grad etwa 15 Minuten backen.

Spritzgebäck ▷

150 g Butter
1 Ei, 1 Eigelb
6 El Akazienhonig
Vanillepulver
1 Prise Meersalz
125 g fein gemahlene Haselnüsse
150 g Weizenvollkornmehl, sehr fein gemahlen und ausgesiebt

Erwärmte, verflüssigte Butter, Eier und Honig schaumig rühren. Die Vanille, das Meersalz, Nüsse und Mehl einarbeiten. Der Teig muß anschließend bei Zimmertemperatur eine halbe Stunde quellen.
Teig in eine Spritztüte füllen und Kringel oder andere Formen auf ein gefettetes Backblech spritzen. Bei 180 Grad etwa 10 Minuten backen.

Gewürzplätzchen

▷

70 g fester Honig
25 g Butter
2 El Milch
½ Ei
1 Tl Zimt
1 Prise Vanillepulver
1 Prise Kardamom
1 Prise gemahlene Nelken
1 Prise Koriander
1 Prise Muskatblüte
½ Tl Rum
abgeriebene Schale einer halben Zitrone
1 Tl Weinsteinbackpulver
125 g Weizenvollkornmehl, sehr fein
1 Tl Kakaopulver
26 g geriebene Mandeln

½ Eigelb zum Bestreichen
halbierte abgezogene Mandeln zum Garnieren

Die weiche Butter mit dem Honig sehr schaumig rühren. Rum, Milch und Ei dazugeben und weiterrühren. Die trockenen Zutaten untermischen. Gut verkneten. Den Teig eine halbe Stunde im Kühlschrank ruhen lassen. Auf einer bemehlten Fläche dünn ausrollen und mit dem Backrädchen in kleine Rauten oder andere Formen unterteilen. Auf ein gefettetes Backblech legen und mit dem leicht verschlagenen halben Eigelb bestreichen. Mit den Mandeln garnieren. Bei 200 Grad etwa 10 Minuten backen.

Haselnußherzen

▷

120 g Weizenvollkornmehl, sehr fein, ausgesiebt
½ Tl Weinsteinbackpulver
75 g Butter
75 g Vollrohrzucker
1 geriebene Bittermandel
Vanillepulver
¼ Tl Zimt
1 Eiweiß
½ Eigelb
100 g gemahlene Haselnüsse
½ Eigelb zum Bestreichen
1 El Nußblättchen zum Garnieren

Mehl und Backpulver mischen. Butter, Zucker, Vanille, Zimt, Eiweiß und halbes Eigelb verrühren und mit dem Mehl vermischen, bis ein glatter Teig entsteht. Eine halbe Stunde im Kühlschrank ruhen lassen. Noch einmal durchkneten und auf einer bemehlten Fläche dünn ausrollen. Kleine Herzen ausstechen. Auf ein gefettetes Backblech legen und mit dem leicht verschlagenen Eigelb bestreichen. Mit den Haselnußblättchen garnieren. Bei 200 Grad etwa 10 bis 12 Minuten backen und sofort vom Blech lösen.

Sauerrahmplätzchen

▷

150 g Weizenvollkornmehl
100 g Butter
4 El Ahornsirup
3 El Sauerrahm

1 Eigelb
1 El Ahornsirup
3 El feingehackte Kürbiskerne oder Sonnenblumenkerne

Aus Mehl, Butter, Sirup und saurer Sahne einen Knetteig rühren und eine Stunde ruhen lassen. Den Teig auf einer bemehlten Fläche etwa 5 mm dick ausrollen, Plätzchen ausstechen.
Eigelb und Sirup gut verrühren und auf die Plätzchen pinseln. Mit gehackten Kernen bestreuen. Bei 200 Grad etwa 15 Minuten backen.

Hirse-Erdnuß-Plätzchen

▷

150 g Butter
100 g Honig
2 Eier
100 g Weizenvollkornmehl
100 g Hirseflocken (Reformhaus)
100 g fein gehackte Erdnüsse
abgeriebene Schale einer unbehandelten Zitrone
2 El ganze Erdnüsse

Butter, Honig und Eier schaumig rühren. Mehl, Hirseflocken, Zitronenschale und Erdnüsse dazugeben. Den Teig eine halbe Stunde ruhen lassen. Mit zwei Teelöffeln kleine Häufchen auf ein gefettetes Backblech setzen. Zur Garnierung auf jeden Keks eine Erdnuß stecken. Bei 200 Grad 20 bis 25 Minuten backen.

Zimtkekse aus Holland

160 g Weizenvollkornmehl, fein, ausgesiebt
100 g Butter
70 g Vollrohrzucker
1 Tl Zimt
¼ Tl Meersalz

1 Eigelb
30 g Mandelblättchen

Die weiche Butter mit dem Zucker verrühren und mit den restlichen Zutaten zu einem gleichmäßigen Teig kneten. Etwa 5 mm dick auf ein gefettetes Backblech streichen, mit dem leicht verschlagenen Eigelb bestreichen und mit den Mandeln bestreuen. Etwa 20 Minuten bei 175 Grad backen. Die noch warme Teigplatte in etwa 4 x 4 cm große Kekse schneiden.

Feines Mandelgebäck

200 g Mandelmus (Reformhaus)
1 Ei, 1 Prise Meersalz
1 Messerspitze Vanillepulver
50 g Vollrohrzucker
100 g Weizenvollkornmehl, sehr fein, ausgesiebt
einige abgezogene Mandeln zum Garnieren

Die Schüssel während des Rührens ins heiße Wasserbad stellen. Den Zucker, falls bröselig, im Mixer zu feinem Pulver zerkleinern. Mandelmus, Salz, Vanille, Zucker und Ei schaumig rühren. Das Mehl dazugeben und kräftig rühren.

Den warmen Teig durch eine Spritztüte in kleinen Häufchen auf das gefettete Backblech spritzen. Je eine Mandel in die Mitte stecken. Bei 200 Grad etwa 15 Minuten backen.

Haselnußplätzchen

200 g Weizenmehl (Type 1050, Reformhaus)
50 g Weizenschrot
1 gestrichener Tl Weinsteinbackpulver
150 g Vollrohrzucker
1 Päckchen Vanillezucker
4 El Milch
100g ungehärtete Pflanzenmargarine (Reformhaus)
200 g fein gemahlene Haselnüsse
etwas Milch und ganze Haselnüsse zum Garnieren

Mehl, Weizenschrot und Backpulver vermischen. Nacheinander den Zucker, Vanillezucker, die Milch, die Margarine und die Haselnüsse hinzugeben und alles zu einem glatten Teig verkneten. Den Teig eine Stunde im Kühlschrank kaltstellen. Portionsweise auf einer bemehlten Fläche ausrollen und runde Plätzchen ausstechen. Mit Milch bestreichen und jeweils eine Haselnuß in die Mitte stecken. Bei knapp 200 Grad 10 bis 15 Minuten backen.

Sesam-Makronen

125 g ungehärtete Pflanzenmargarine
250 g Rohrzucker (im Mixer etwas zerkleinern)
1-2 Eier
150 g Weizenschrot (Reformhaus)
150 g Weizenmehl (Type 1050, Reformhaus)
2-3 El Milch
80-100 g Rosinen
100 g Sesam (Reformhaus)
1 Prise gemahlene Muskatnuß

Aus weicher Pflanzenmargarine, Zucker und Ei eine Schaummasse herstellen, Schrot, Mehl und Milch einrühren. Dann die Rosinen, den Sesam und Muskat unterziehen. Auf ein gefettetes Backblech mit Hilfe von zwei Teelöffeln kleine flache Häufchen setzen.
Im vorgeheizten Backofen bei 200 Grad etwa 10-15 Minuten backen.

Das Rezept ergibt etwa 40 Makronen.

Blitzplätzchen

175 g Weizenvollkornmehl, sehr fein
125 g Butter
75 g Sauerrahm
1 Tl Vollrohrzucker
1 El Mandelsplitter zum Bestreuen

Die weiche Butter mit Mehl und Sauerrahm zu einem gleichmäßigen Teig verkneten. Auf einer bemehlten Fläche sehr dünn ausrollen (etwa 3 mm), in kleine Vierecke schneiden (etwa 3 x 3 cm), mit dem Zucker und Mandelsplittern bestreuen. Auf der mittleren Schiene bei 220 Grad etwa 10 Minuten backen.

Knabbertaler

▷

150 g Weizenvollkornmehl, sehr fein
1 Tl Zimt
1 Prise Vanillepulver
100 g gemahlene Haselnüsse
100 g Butter
14 ml Süßstoff
½ Tl Rum
1 Ei
100 g gemahlene Haselnüsse
ganze Haselnüsse zum Garnieren

Die Zutaten zu einem geschmeidigen Teig kneten. Zu 3 cm dicken Rollen formen. Die 10 g Haselnüsse in einer trockenen Pfanne kurz rösten. Die Rollen darin wälzen. Einige Stunden im Kühlschrank ruhen lassen. In knapp 5 mm dicke Scheiben schneiden und auf ein gut gefettetes Blech legen. Mit den halbierten Haselnüssen garnieren. Bei 200 Grad etwa 12 Minuten backen.

Knusperplätzchen

100 g Rosinen
5 El Milch
2 El Honig
Vanillepulver
1 Prise Meersalz
1 Ei
100 g geriebene Haselnüsse
100 g gehackte Haselnüsse
5 El Corn-flakes
kleine runde Vollkornoblaten

Die Rosinen grob hacken und eine Stunde in der Milch einweichen. Inzwischen Ei, Honig, Vanille und Salz zu einer cremigen Masse schlagen. Rosinen mit Nüssen mischen und dazugeben. Cornflakes zufügen und die Masse auf den Oblaten verteilen. Bei 175 Grad etwa 20 Minuten backen.

TIP

Rohrzucker wird in unterschiedlichen Arten angeboten – von groberer Körnung bis zu sehr feinem Pulver, das allerdings zum Verklumpen neigt. Der klebrige Vollrohrzucker sollte möglichst zusammen mit einer Flüssigkeit oder einem Ei geschlagen werden, bis er sich ganz aufgelöst hat, bevor er zum Teig gegeben wird. Oder er wird im Mixer gelockert.

Florentiner Plätzchen

Teig:
150 g Weizenvollkornmehl, sehr fein
½ Tl Weinsteinbackpulver
50 g Butter
1 Ei
1 El Honig
2 El Milch

Belag:
2 El Aprikosenkonfitüre
1 El Vollrohrzucker
1 El Sahne
1 Tl Butter
Vanillepulver
150 g Mandelblättchen
25 g gehackte Rosinen
etwas Kuvertüre

Die oberen Zutaten zu einem mürben Teig kneten. Auf einer bemehlten Fläche dünn ausrollen und kleine Kreise ausstechen. Auf ein gefettetes Backblech legen und bei 175 Grad etwa 6 Minuten vorbacken. Vom Blech nehmen und auf einem Kuchengitter auskühlen lassen. Konfitüre mit dem Zucker, der Butter und der Sahne verrühren und erhitzen, bis eine einheitliche Masse entstanden ist. Vanille, Mandeln und Rosinen zufügen. Die vorgebackenen Plätzchen umdrehen, so daß sie jetzt mit der Oberseite auf dem gefetteten Blech liegen. Die Mandelmasse darauf verteilen. Etwa 10 Minuten bei 175 Grad fertig backen. Die erkalteten Plätzchen mit der geschmolzenen Kuvertüre garnieren.

Orangenstangen

250 g Butter
abgeriebene Schale einer unbehandelten Orange
150 g Vollrohrzucker
1 Ei
1 Eigelb
1 Prise Meersalz
340 g Weizenvollkornmehl
1 Tl Weinsteinbackpulver
150 g Kuvertüre
gehackte Pistazien
sehr fein gehacktes Orangeat

Butter mit Orangenschale, Zucker, Ei, Eigelb und Salz cremig rühren. Nach und nach das mit Backpulver vermischte Mehl unterkneten. Den Teig durch eine Gebäckspritze spritzen, etwa 5 cm lange Streifen abschneiden. Auf ein gefettetes Backblech legen. Bei 220 Grad etwa 15 Minuten backen. Die Stangen sollen goldgelb sein. Die Stangen jeweils zur Hälfte in die geschmolzene Kuvertüre tauchen, mit den gehackten Pistazien und dem Orangeat bestreuen. In einer Blechdose halten die Orangenstangen lange frisch.

TIP

Statt Orangeat können Sie auch Zitronat nehmen. Oft lassen sich Plätzchen durch Variation einer Geschmackszutat oder eines Gewürzes verändern.

Kirschenmakronen

2 Eiweiß
75 g Vollrohrzucker
Vanillepulver
1 Prise Meersalz
150 g gehackte Mandeln
150 g geriebene Mandeln
100 g kandierte Kirschen
300 g geraspelte Schokolade
kleine runde Vollkornoblaten

Eiweiß mit Zucker und Vanille steif schlagen. Die Kirschen fein hacken, einige zum Garnieren halbieren und zurückbehalten. Zusammen mit den Mandeln, der Schokolade und dem Salz unter den Eischnee heben. Mit Hilfe von zwei Teelöffeln auf die Oblaten streichen. Mit den halbierten Kirschen garnieren. Bei 160 Grad etwa 20 Minuten backen.

Mohnberge

2 Eiweiß
100 g Vollrohrzucker
1 Messerspitze Speisestärke
100 g Rosinen
4 El Rum
100 g gemahlener Mohn
75 g gehackte Walnüsse
15 g Weizenvollkornmehl, fein
kleine runde Vollkornoblaten
evtl. weiße Kuvertüre

Rosinen in Rum einweichen. Eiweiß mit Zucker und Vanille steif schlagen. Rosinen und Walnüsse unterheben, anschließend Mehl, Speisestärke und Mohn. Mit Hilfe von zwei Teelöffeln kleine Häufchen auf die Oblaten setzen. Etwa 20 Minuten bei 175 Grad backen. Mit der erwärmten Kuvertüre bestreichen. Die Häufchen halten in einer Blechdose etwa zwei Wochen.

Früchtemakronen

50 g Apfelringe
50 g Trockenpflaumen
50 g Trockenaprikosen
100 g gehackte Mandeln
Vanillepulver
abgeriebene Schale einer halben ungespritzten Zitrone
1 Prise Ingwerpulver
1 El Orangensaft
80 g Vollrohrzucker
3 Eiweiß
kleine runde Vollkornoblaten

Trockenobst sehr fein würfeln. Eiweiß mit Orangensaft und Zucker steif schlagen. Alle übrigen Zutaten unterheben. Mit Hilfe von zwei Löffeln auf die Oblaten setzen. Bei 160 Grad etwa 12 Minuten backen.

Exotisches Aprikosenkonfekt

150 g Trockenaprikosen
2 El Blütenhonig
2 El Zitronensaft
2 El heißes Wasser
150 g Kokosraspeln

Die Aprikosen kurz in dem heißen Wasser einweichen und im Mixer zerkleinern. Mit dem Honig, dem Zitronensaft und 120 g Kokosraspeln verkneten. Aus der Masse kleine Kugeln formen und in den restlichen Kokosraspeln wälzen. Im lauwarmen Backofen (etwa 50 Grad) trocknen lassen. Im Kühlschrank hält sich das Konfekt bis zu drei Wochen.

Ingwerwürfel

100 g Schokolade mit Rohrzucker
60 g Butter
50 g Vollrohrzucker
50 g kandierter Ingwer (Reformhaus)
1 Prise Ingwerpulver
Kakaopulver zum Wenden

Den Ingwer sehr fein hacken. Die grob gehackte Schokolade (am besten halb Zartbitter, halb Vollmilch) im Wasserbad schmelzen. Butter mit Zucker schaumig rühren und die geschmolzene, leicht abgekühlte Schokolade unterrühren. Den Ingwer und das Ingwerpulver zufügen. Die Masse noch weiter abkühlen lassen, bis sie zäh wird, und 2 cm dick auf ein gebuttertes Brett oder in eine rechteckige Keramikschale füllen. Kalt stellen. Wenn die Masse vollkommen erstarrt ist, in Würfel schneiden und in dem Kakaopulver wenden.

Pflaumenkugeln

250 g Trockenpflaumen ohne Stein
100 g gehackte Mandeln
1 El Pflaumenmus
1 Tl Zimt
evtl. 2 El Zwetschgenwasser
50 g gemahlene Mandeln

Die Pflaumen im Mixer zerkleinern oder durch den Fleischwolf drehen. Mit gehackten Mandeln, Pflaumenmus, Zimt und Zwetschgenwasser verkneten. Kleine Kugeln formen und in den gemahlenen Mandeln wälzen. An einem warmen Ort trocknen lassen.

TIP

All die Köstlichkeiten aus Trockenfrüchten sollen weich bleiben. Pflaumenkugeln und ähnliches lagern Sie am besten im Kühlschrank. Dort halten sie sich auch am längsten.

Schweizer Hagebuttenkonfekt

▷

2 El Hagebuttenmark
abgeriebene Schale einer halben unbehandelten Zitrone
200 g geriebene Mandeln
50 g Mandelbättchen

Aus den Zutaten eine geschmeidige Masse kneten. Zu kleinen Kugeln formen. In den Mandeln wälzen und in einer Blechdose aufbewahren.

TIP

Ähnliches Konfekt läßt sich aus verschiedenen Sorten Fruchtmus oder -mark herstellen.

Dattel-Marzipan-Konfekt

125 g Honigmarzipan
50 g gehackte Mandeln
1 El Honig
abgeriebene Schale einer unbehandelten Orange
2 El Kakaopulver
250 g Datteln

Marzipan leicht erwärmen, damit es sich besser verarbeiten läßt. Mit gehackten Mandeln, Honig und Orangenschale vermengen. Die Datteln einschneiden, entkernen und mit der Marzipanmasse füllen. Nach Belieben mit Kakao überstäuben.

TIP

Eine Mischung Ihrer hausgemachten Vollwert-Pralinen und des Früchte-Konfekts, in einem gläsernen Gefäß oder einem Holzkistchen angeordnet, ist ein wunderbares Mitbringsel für nette Bekannte.

Dattelschiffchen

▷

120 g Vollrohrzucker
1 Tl weiche Butter
1 Tl Crème fraîche
abgeriebene Schale einer halben unbehandelten Zitrone
200 g große getrocknete Datteln

Butter, den fein zerriebenen Zucker, die Zitronenschale und die Crème fraîche verkneten und kühl stellen. In einen Spritzbeutel füllen und in die entsteinten Datteln verteilen. Man kann die Datteln in fein gehackten Mandeln oder Kakaopulver wälzen, damit sie nicht klebrig sind. Kühl aufbewahren.

Honigmarzipan mit Variationen

250 g Mandeln
200 g Honig
2 El Rosenwasser

Die Mandeln abziehen und zweimal durch die Mandelmühle drehen, bis sie ganz fein sind. Mit dem Honig und dem Rosenwasser einige Minuten zu einem geschmeidigen Teig verkneten. Statt Rosenwasser kann auch andere Flüssigkeit, zum Beispiel Rum, verwendet werden.

Für Marzipankugeln und Konfekt kann die Masse mit beliebigen Zusätzen vermischt und anschließend mit Kuvertüre überzogen werden:

1. mit in Rum eingelegten, kleingehackten Rosinen
2. mit sehr fein geschnittenen Trockenpflaumen, einem Schuß Rum und Zimt
3. mit fein gehacktem kandierten Ingwer
4. mit fein gehackten Walnüssen und einem Schuß Kirschwasser
5. mit fein gehacktem Orangeat und einem Schuß Armagnac oder Grand Marnier
6. mit fein geschnittenen Trockenaprikosen, einer Prise Vanillepulver und einem Schuß Aprikosenlikör.

Außerdem können Sie beliebige aufgeschnittene Trockenfrüchte wie Kurpflaumen, Aprikosen und Datteln mit dem Marzipan füllen. Zur Garnierung werden sie mit einer Ecke in flüssige Kuvertüre getunkt. Marzipankugeln in etwas Kakao- oder Carob-Pulver gewälzt, ergeben „Kartoffeln".

TIP

Übrigens: Marzipan läßt sich mit natürlichen Farbstoffen einfärben: Einige Tropfen Saft von geriebenen Karotten ergeben Orange, etwas Spinatsaft färbt grün. Ein sehr realistisches „Schweinchen-Rosa" für Marzipanschweinchen zu Neujahr erzielt man mit ein paar Tropfen Rote-Bete-Saft.

Abb. S. 203
Erdbeeren gepfeffert
Erdbeerpüree
Erdbeeren in Melone
Vanille Erdbeermix
(Rezepte S. 204, 206, 208)

Köstliche Desserts

Erdbeerpüree mit Eischaum

▷

600 g frische Erdbeeren
1 El Ursüße (Reformhaus)
Vanillepulver
3 El kaltes Wasser
2 Eiweiß
1 El Honig
4 El Crème fraîche
1 El gehackte Kürbiskerne (frische Melisse

Erdbeeren waschen, entstielen und mit Ursüße, Vanille und Wasser pürieren. Das Püree sollte dickflüssig sein. In vier Gläser füllen. Eiweiß mit Honig steifschlagen, die Crème fraîche vorsichtig unterrühren und auf dem Erdbeerpüree verteilen. Mit gehackten Kürbiskernen und frischer Melisse garnieren.

Erdbeersorbet

▷

500 g frische Erdbeeren
0,15 l Apfelsaft oder trockener Sekt
2 El Frutilose (Reformhaus)

Die Früchte waschen, entstielen und pürieren. Mit Apfelsaft oder Sekt vermischen und in einem schmalen hohen Gefäß etwa 3 Stunden im Tiefkühlfach gefrieren lassen. Dann kurz antauen, mit einem Messer grob zerschlagen und mit dem Pürierstab sämig rühren, noch einmal 20 Minuten einfrieren.

Erdbeeren gepfeffert *(Abb. S. 203)*

500-600 g frische Erdbeeren
evtl. etwas Staubzucker
1-2 Becher saure Sahne (10% Fett)
schwarzer Pfeffer aus der Mühle

Erdbeeren waschen, entstielen und in eine Schale geben. Mit sehr wenig Staubzucker bestreuen und die zuvor glattgerührte Sahne darübergießen. Mit frischem Pfeffer aus der Mühle bestreuen.

TIP

„Gepfefferte" Erdbeeren ergeben ein feines Dessert nach einem frühsommerlichen Spargelessen.

Erdbeerpüree *(Abb. S. 203)*

300-400 g Erdbeeren, frisch oder tiefgekühlt
etwas Vanillepulver
nach Belieben 1-2 Tl Vollrohrzucker
oder 1-2 Tl Honig

Erdbeeren vorbereiten und zusammen mit der Vanille im Mixer oder mit dem Pürierstab zerkleinern. Nach Belieben mit Zucker oder Honig süßen. Das Süßmittel gut einrühren bis es ganz gelöst ist.

TIP

Erdbeerpüree paßt gut zu Pfannkuchen. Ferner können Sie die verschiedensten Desserts (Waffeln, Eis, Cremes) damit verfeinern.

Erdbeeren in Melone *(Abb. S. 203)*

2 kleine Honigmelonen
1-2 mittelgroße Äpfel
etwas Zitronensaft
250 g Erdbeeren
1 Tl flüssiger Honig
10-15 Walnußhälften

Honigmelonen teilen und aushöhlen. Die Schalen „einzacken".
Fruchtfleisch und geschälten Apfel in kleine Würfel schneiden. Zitronensaft zugießen. Die größeren Erdbeeren halbieren und alles, auch die Walnußhälften, miteinander mischen. In die Melonenhälften einfüllen und mit sehr wenig Honig beträufeln.

Orangendessert

▷

4 mittelgroße Orangen
1 El Ahornsirup
evtl. Orangenlikör
0,125 l Sahne
2 El Kokosflocken
1 El Pistazien

Orangen gut waschen, schälen und die Stücke einzeln auf Teller verteilen. Mit Ahornsirup oder Orangenlikör beträufeln. Sahne steif schlagen, mit Ahornsirup süßen. Die Kokosflocken vorsichtig unterheben, die Masse auf den Orangen verteilen. Mit gehackten Pistazien und Orangenschalenstreifen garnieren.

Vanille-Erdbeer-Mix *(Abb. S. 203)*

500 g Erdbeeren
120g Vanilleeis
0,25 l Milch (1,5% Fett)
1 Messerspitze Vanillepulver

Erdbeeren waschen, entstielen und mit den übrigen Zutaten vermixen (Mixer oder Pürierstab). Auf vier Gläser verteilen und kühl servieren.

Birnen mit Roquefort-Füllung

4 reife Birnen
Saft von 1 Zitrone
100-125 g Roquefort
100-125 g Quark (20% Fett)
1-2 El Sahne
etwas Pfeffer
1 Prise Meersalz

Birnen halbieren und Kerngehäuse entfernen. Mit Zitronensaft beträufeln, Roquefort mit Quark, Sahne, Pfeffer und Meersalz vermengen. Auf jede Birnenhälfte ein Roquefort-Quarkhäufchen spritzen.

Birnenkaltschale

750 g Birnen (ca. 4 Stück)
1 l Wasser
Schale einer ungespritzten Zitrone
1 Zimtstange
Vanillepulver
50 g Sago (Reformhaus)
2 El Honig
Saft von 2 Zitronen

Birnen schälen, in kleine Stücke schneiden und in Wasser mit der Zitronenschale, der Zimtstange und der Vanille einige Minuten kochen. Sago zugeben und etwa 20 Minuten bei kleiner Flamme ausquellen lassen. Abkühlen lassen und mit Honig und Zitronensaft abschmecken.

Cognac-Birnen

4 große getrocknete Birnen (Kletzen) oder 8 getrocknete Birnenhälften
etwa 0,15 l Cognac
100 g Crème fraîche

Die Birnen ein bis zwei Tage im Cognac ziehen lassen, dabei mehrmals wenden, so daß sie gleichmäßig getränkt sind. Auf Dessertschälchen anrichten. Mit einem Klecks Crème fraîche garnieren. Zu dem edlen Dessert können Sie als Abrundung noch feine Kekse anbieten.

Gebackene Birnen Exquisit

4 gleichgroße Birnen
2 El Zitronensaft
50 g Honigmarzipan
1 El Kirschwasser
40 g Mandeln, gehackt
Mehl zum Wenden
2 Eigelb
Vollkornsemmelbrösel
1 Prise Zimt
Pflanzenfett zum Fritieren
1 Flasche Erdbeersauce oder pürierte Erdbeeren mit Honig

Birnen schälen (den Stiel nicht entfernen), halbieren, das Kerngehäuse ausstechen und die Birnen mit Zitronensaft beträufeln. Marzipan, Kirschwasser und Mandeln verkneten und die Birnen damit füllen. Die Schnittfläche mit Mehl bestäuben, die Birnen wieder zusammensetzen und nacheinander in Mehl, verschlagenem Eigelb und mit Zimt vermischten Semmelbröseln wenden.
Fett erhitzen und die Birnen partienweise bei 170 bis 180 Grad 5 bis 7 Minuten fritieren. Mit Erdbeersauce servieren.

Chinesische Bananen

4 Bananen
2 Eiweiß
Vollkorn-Semmelbrösel
3 El Honig
50 g Mandelblättchen

Die Bananen schälen und längs halbieren. Eiweiß leicht verschlagen. Bananen in Eiweiß tauchen und anschließend in den Semmelbröseln panieren. In einer Pfanne mit etwas Öl goldgelb backen oder in heißem Fett fritieren. Auf vier Tellern anrichten, nach Belieben mit Honig beträufeln und mit den Mandelblättchen bestreuen.

TIP

Statt der Vollkorn-Semmelbrösel können Sie die Bananen auch mit geriebenen Nüssen oder Mandeln panieren. Sie sollen nicht zu lange gebacken werden, da sie sonst weich und unappetitlich werden.

Ananas-Dessert mit Kokoscreme

125 g Quark (40% Fett)
0,15 l Sahne
1-2 El Honig oder Ahornsirup
Vanillepulver
½ Tl Biobin (Reformhaus)
4 El leicht angeröstete Kokosraspeln
1 große Ananas

Quark mit 2 Eßlöffeln flüssiger Sahne glattrühren. Den Rest der Sahne sehr steif schlagen, mit dem Quark vermischen und mit Honig und Vanille süßen. Biobin einstreuen (Vorsicht, daß es nicht klumpt!) und zusammen mit den leicht angerösteten Kokosraspeln vermengen. Die Masse etwa eine halbe Stunde in den Kühlschrank stellen. Zwischenzeitlich die Ananas der Länge nach in acht Spalten schneiden. Den harten Strunk in der Mitte dabei entfernen. Die Creme kurz durchrühren und mit einem Spritzbeutel auf der Ananas bzw. neben der Ananas anrichten. Dünn mit Kokosraspeln bestreuen. Das Rezept reicht für 8 Personen.

Rum-Zabaione mit Früchten und Eis

6 Eigelb
60 g Vollrohrzucker
4-5 El Wasser
4 El Rum
Früchte der Jahreszeit
1 El Rum-Rosinen
1 Haushaltspackung Speiseeis (Vanille oder Schokolade)
1 Flasche Himbeersauce oder pürierte Himbeeren mit Honig
1 El gehackte Pistazien

Eigelb, Zucker, Wasser und Rum schaumig schlagen. Die Schüssel auf ein Wasserbad stellen und mit dem Schneebesen weiterschlagen, bis die Masse anfängt zu steigen und gebunden ist. Auf Portionstellern Früchte und Eis anrichten, mit der Zabaione und Himbeersauce begießen, mit gehackten Pistazien dekorieren.

Walderdbeercocktail

200g Walderdbeeren (oder Gartenerdbeeren)
2 El Honig
2 Gläschen Grand Marnier (Orangenlikör)
1 Flasche Sekt

Die Erdbeeren vorsichtig waschen und putzen, mit Honig und Orangenlikör vermischen und einige Zeit ziehen lassen. In Gläser oder Glasschälchen füllen (die Menge ist für vier Personen berechnet). Direkt vor dem Servieren mit einer beliebigen Menge Sekt auffüllen. Nach Möglichkeit die Gläser mit Walderdbeerblättchen oder Minzezweigen garnieren.

Frucht-Sahne-Eis

ca. 250 g Früchte (Himbeeren, Erdbeeren, Johannisbeeren)
3 Eigelb
2 El heißes Wasser
3-4 El Honig, Ahornsirup oder Birnendicksaft (Reformhaus)
1 Messerspitze Vanillepulver
0,25 l Sahne
2 El gehackte Pistazien, gehackte Walnüsse oder andere Nüsse

Die Früchte pürieren (zur Garnierung einige ganz zurücklassen). Eigelb mit heißem Wasser, Honig oder anderem Süßungsmittel und Vanille schlagen, bis eine dickliche, weißliche Masse entsteht. Die Sahne steifschlagen und mit dem Fruchtpüree und der Schaummasse vorsichtig vermischen und tiefkühlen. Etwa alle zwei Stunden gut durchrühren, wieder tiefkühlen und dies zwei bis dreimal wiederholen. Eisbehälter, Portionsschalen oder andere Gefäße damit füllen. Einige Stunden tiefkühlen. Dann die Gefäße kurz in heißes Wasser tauchen und stürzen. Wenn Sie einen Eisportionierer besitzen, können Sie auch Kugeln ausstechen. Mit Früchten und gehackten Nüssen garnieren.

Rhabarbergrütze

1 kg Rhabarber
Vanillepulver
etwas Wasser
80 g Vollweizengrieß (Reformhaus)
3 El milder Honig

Rhabarber putzen und in Stücke schneiden. Mit wenig Wasser und Vanille einige Minuten dünsten (günstig in einer großen Pfanne), der Rhabarber sollte nicht zerfallen. Ein Viertel der Masse zur Seite stellen. Den Rest durch ein Sieb streichen und ein bis zwei Tassen auffüllen und zum Kochen bringen. Grieß einstreuen und etwa 10 bis 15 Minuten bei kleiner Flamme ausquellen lassen. Abkühlen lassen und mit mildem Honig abschmecken. Die ganzen Rhabarberstücke vorsichtig unterheben und in tiefe Teller verteilen.

TIP

Rhabarber sollte nur im Frühsommer genossen werden. Später wird er zu säuerlich und schlechter verträglich. Normalerweise wird Rhabarber nur gekocht oder gedünstet verzehrt. Die ersten zarten Triebe können Sie aber auch – fein geschnitten oder geraspelt – roh verwenden. Kleine Mengen geben Süßspeisen ein interessantes Aroma.

Rhabarbergrütze mit Honigsauce

750 g Rhabarber
0,5 l Wasser
120 g Sago (Reformhaus)
Schale einer unbehandelten Zitrone
1 Messerspitze Zimt
1 Prise Nelken
2 El Honig
0,1 l Sahne

Den Rhabarber schälen, die Enden abschneiden und in 2-3 cm lange Stücke schneiden. Einige Stückchen zur Garnierung beiseite stellen und sehr fein schneiden. Wasser mit dem Sago und der Zitronenschale zum Kochen bringen. Nach etwa 20 Minuten die Rhabarberstückchen zugeben und noch einige Minuten bei geringer Energiezufuhr kochen lassen, bis sich eine glasige Masse ergibt. Etwas abkühlen lassen und dann mit den Gewürzen und dem Honig abschmecken. Die Rhabarbergrütze in Portionsschälchen füllen und kalt stellen. Vor dem Servieren die flüssige Sahne darüber gießen und mit sehr fein geschnittenem Rhabarber garnieren.

Pistazieneis mit Früchten

1 Paket (500 g) Pistazieneis
1 Avocado
1 El Zitronensaft
1 Karambole (Baumstachelbeere)
50 g gehackte Pistazien
0,125 l Sahne
Vanillepulver
1 Tl Honig
einige Spritzer Kiwi-Likör
4 Stiele Minze

Pistazieneis mit einem Eisportionierer oder einem Eßlöffel zu Kugeln formen. Pro Portion rechnet man zwei Kugeln. Den Rest wieder einfrieren. Avocado dünn schälen, entsteinen und in schmale Spalten schneiden. Mit Zitronensaft beträufeln, damit sie nicht braun werden. Karambole putzen, waschen, in Scheiben schneiden, so daß kleine, dekorative Sterne entstehen. Eiskugeln, Avocadospalten und Karambolen auf vier Teller verteilen. Mit den gehackten Pistazien bestreuen. Sahne mit Vanille und Honig leicht schlagen, so daß eine Sauce entsteht. Auf den Tellern verteilen. Auf die Sauce einige Tropfen Likör gießen und mit einem Holzstäbchen verteilen. Mit je einem Stiel frischer Minze verzieren.

TIP

Hier noch das Rezept für eine selbstgemachte Sahnesauce: Einen Becher Schlagsahne (bis auf 2-3 Eßlöffel) und ein Päckchen Vanillezucker erhitzen. Restliche Sahne und einen Eßlöffel Speisestärke verrühren und die Flüssigkeit damit binden. Ein Eigelb unterrühren, nicht mehr kochen und zum Eis servieren.

Aprikosengrütze aus Fruchtnektar

▷

1 Flasche Aprikosennektar (0,7-0,75 l; Reformhaus)
0,25 l Wasser
100-120 g Perltapioka (Sago; Reformhaus)
Saft einer Zitrone
Vanillepulver
Schale einer ungespritzten Zitrone

Aprikosennektar mit Wasser auffüllen, zum Kochen bringen. Perltapioka zugeben und 15 bis 20 Minuten bei kleiner Flamme ausquellen lassen. Abkühlen lassen und mit Zitronensaft und Vanille abschmecken. Zitronenschale raspeln und damit die ausgekühlte Grütze garnieren.

Johannisbeer-Himbeer-Grütze

▷

100 g grob geschrotete Roggenkörner (Reformhaus)
knapp 1 l Wasser
1 Prise Meersalz
1 Prise Zucker
250-300 g Beeren (rote Johannisbeeren und Himbeeren)
etwas Johannisbeersirup
Saft einer halben Zitrone
0,125 l Sahne

Roggenkörner in kochendem Wasser mit Salz und Zucker etwa 20 bis 30 Minuten bei kleiner Flamme ausquellen lassen. Auskühlen lassen, dann die vorbereiteten Beeren unterrühren. Mit wenig Sirup und Zitronensaft abschmecken. In tiefe Teller füllen und bei Tisch mit flüssiger Sahne begießen.

Blaubeergrütze

▷

0,8 l Wasser
600 g Blaubeeren (davon 100 g roh zurücklassen)
100 g Sago (Reformhaus)
Saft einer Zitrone
2 El Birnendicksaft (Reformhaus)

Wasser zum Kochen bringen. 500 g Blaubeeren und Sago zugeben und bei kleiner Flamme etwa 15 bis 20 Minuten garen. Abkühlen lassen und mit Zitronensaft und Birnendicksaft abschmecken. In tiefe Teller füllen und mit frischen Blaubeeren garnieren.

Fruchtgrütze

▷

0,35 l Wasser
0,35 l Apfelsaft (Reformhaus)
100 g Sago (Reformhaus)
Schale einer unbehandelten Zitrone
1 Zimtstange
6 El Frutilose oder Birnensaft-konzentrat (Reformhaus)
500 g frische Früchte (rote und schwarze Johannisbeeren, Himbeeren, Erdbeeren)
4 El leicht angeschlagene Sahne oder Crème fraîche
einige Mandelsplitter

Die Flüssigkeit zum Kochen bringen, die Zitronenschale und die Zimtstange zugeben und Sago einstreuen. Bei geringer Energiezufuhr etwa 20 Minuten garen, bis die Sagokörner glasig geworden sind. Das Süßungsmittel und die entstielten Früchte zugeben. In Portionsschalen füllen und kaltstellen. Mit leicht angeschlagener Sahne oder Crème fraîche garnieren und mit Mandelsplittern bestreuen.

Mandel-Soufflé mit Vanilleeis und heißer Kirschsoße

6 Löffelbiskuits
2 El Kirschwasser
50 g Butter
50 g Weizenvollkornmehl, sehr fein
40 g Mandeln, gemahlen
0,25 l Milch
100 g Vollrohrzucker
4 Eier
1 Prise Salz

1 Haushaltspackung Vanilleeis
1 Flasche Kirschensauce oder pürierte Kirschen mit Honig
1 El Pistazien, gehackt

Löffelbiskuits in Stücke brechen, in eine Schüssel legen, und mit Kirschwasser beträufeln. Butter in einem Topf zergehen lassen, Mehl und Mandeln hineingeben, durchschwitzen lassen. Milch mit Puderzucker und Salz verrühren, langsam in den Topf geben, zwischendurch aufkochen und gut verrühren. Eier trennen. Mit Eigelb legieren. Eiweiß mit dem Salz steif schlagen, vorsichtig in die heiße Eigelbmasse rühren. Auflaufform fetten, die Hälfte der Soufflémasse in die Form füllen, mit dem Biskuit belegen, restliche Soufflémasse darauf verteilen und bei 200 Grad etwa 25 Minuten backen. Nach dem Backen mit Pistazien bestreuen, sofort mit Vanilleeis und heißer Kirschensauce servieren. Dazu die Sauce, mit abgeschraubtem Deckel, im Wasserbad erwärmen.

Beerenpastete mit Kirschensauce

▷

500 g Dickmilch
Saft einer Zitrone
abgeriebene Schale einer unbehandelten Zitrone
100 g Vollrohrzucker
8 Blatt weiße Gelatine
je 150 g Heidelbeeren, blaue Trauben, Erdbeeren oder Schattenmorellen aus dem Glas
2 Päckchen roter Tortenguß
2 El Vollrohrzucker
0,5 l Kirschsaft (aus dem Glas)
1 Flasche Kirschensauce (z.B. Schwartau) oder pürierte Kirschen mit Honig
einige Kirschen aus dem Glas

Dickmilch, Zitronensaft und -schale verrühren. Zucker zufügen. Gelatine in kaltem Wasser einweichen, ausdrücken und bei schwacher Hitze auflösen. In die Dickmilch rühren.
Früchte verlesen, waschen, zur Dickmilch geben, die Masse in eine mit kaltem Wasser ausgespülte Pastetenform (24 cm Länge) füllen.
Zwei Stunden ins Gefrierfach stellen.

Für den Guß ein Päckchen Tortenguß mit einem El Zucker und 0,25 l Kirschensaft nach Packungsanweisung zubereiten. Auf die Dickmilchmasse streichen und nochmals eine Stunde im Kühlschrank durchkühlen lassen. Anschließend die Form kurz in heißes Wasser tauchen und stürzen. Für den zweiten Guß die restlichen Zutaten nach Packungsanweisung zubereiten. Auf der Beerenpastete verteilen. Nochmals eine halbe Stunde kühlstellen.
In Scheiben schneiden.
Die Sauce mit einigen Schattenmorellen verrühren und zu den Pastetenscheiben reichen.
Die Menge ergibt etwa sechs Portionen.

Ingwergrieß mit Erdbeeren

▷

500 g Erdbeeren
1 El Vollrohrzucker
2 El Orangenlikör
1 Päckchen Grießpudding Instant (oder selbst hergestellter Grießpudding)
0,5 l Milch
20 g frischer Ingwer
40 g Mandeln, gehackt
nach Belieben 1 Flasche Schokoladensauce

Erdbeeren waschen, putzen und vierteln. Zucker, Orangenlikör und Zitronensaft zufügen, ziehen lassen.
Grießpudding nach Packungsanweisung zubereiten. Ingwer schälen, kleinhacken und mit der Hälfte der gehackten Mandeln unter den Grießpudding rühren. In Portionsförmchen füllen und abkühlen lassen.
Marinierte Erdbeeren auf Gläser verteilen, Grießpudding in die Mitte stürzen. Schokoladensauce über den Grieß gießen. Mit den restlichen Erdbeeren und gehackten Mandeln garnieren.
Die Menge ergibt etwa sechs Portionen.

Pflaumenparfait

▷

ca. 500 g süße Pflaumen
120 g Honig
½ Tasse Rotwein aus ökologischem Anbau (Reformhaus)
etwas Nelkenpulver
1 Tl Zimt
4 Eigelb
2 Becher saure Sahne
1 Becher süße Sahne (0,2 l)

Die Pflaumen mit dem Pürierstab oder Mixer zerkleinern. Die Hälfte mit 2 El Honig und Rotwein vermischen, mit Nelken und Zimt abschmecken, danach kalt stellen. Eigelb mit dem restlichen Honig und 3-4 El Wasser so lange aufschlagen, bis die Masse dicklich weiß geworden ist. Pflaumenpüree, die saure und die geschlagene süße Sahne unterrühren. Wenn Sie eine Eismaschine besitzen, dann cremig rühren und in Portionsförmchen füllen. Ansonsten die Eismasse in ein Gefäß füllen und zwei Stunden vorgefrieren, mit dem Pürierstab oder dem Handrührgerät durchschlagen. Den Vorgang wiederholen und dann in Förmchen füllen. Einige Stunden tiefkühlen. Dann stürzen und mit Pflaumenpüree anrichten.
Das Dessert ist für acht Personen ausreichend.

Gespickte Sommer-Bratäpfel mit Eissauce

4 mittelgroße Äpfel
1 El Zitronensaft
1-2 El Rum-Rosinen
1-2 El Kokosraspeln, geröstet
200 g Mandelsplitter
etwas Butter
½ Haushaltspackung Vanilleeis
2-3 El Eierlikör
1 Flasche Erdbeersauce oder pürierte Erdbeeren mit Honig

Äpfel waschen, abtrocknen, das Kerngehäuse mit einem Apfelstecher großzügig herauslösen und die Innenseiten mit Zitronensaft beträufeln. Rum-Rosinen und Kokosraspeln mischen, die Äpfel damit füllen. Rundherum mit Mandelsplittern spicken. Damit die Stifte nicht abbrechen, mit einem Holzstäbchen vorstechen. Auflaufform fetten, Äpfel hineinsetzen. Auf jeden Apfel ein Stückchen Butter legen und bei 200 Grad etwa 25 bis 30 Minuten backen. Für die Eissauce das Eis etwas antauen lassen, mit Eierlikör verrühren und sofort zu den Äpfeln servieren. Dazu Erdbeersauce reichen.

Duftende Bratäpfel (Grundrezept)

4 Äpfel (am besten eignen sich Jonathan, Boskop oder Cox Orange)
Zimt zum Bestreuen
Ahornsirup zum Beträufeln (Reformhaus)
oder Honig zum Bestreichen

Bratäpfel sind eine wahre Freude an kalten Winterabenden und haben den Vorteil, daß sie schnell zuzubereiten sind.

Äpfel waschen, Kerngehäuse ausstechen und den Apfel dann auf ein gefettetes Backblech oder in eine gefettete Auflaufform setzen. Je nach Größe etwa 30 Minuten bei 200 bis 250 Grad im Backofen garen. Sie schmecken gut, wenn sie einfach nur mit Zimt bestreut werden, mit Ahornsirup beträufelt oder mit Honig bestrichen werden.

Zur Abwechslung können die Äpfel auch gefüllt werden:

Nußfüllung:
2 Eiweiß
2 El Haselnußmus (Reformhaus)
2 El gehackte Haselnüsse
1 El Aprikosenmarmelade

Eiweiß zu Schnee schlagen und mit Haselnußmus, Nüssen und Aprikosenmarmelade mischen. In die vorbereiteten Äpfel füllen. Zubereiten wie Grundrezept.

Rosinen-Pflaumen-Füllung:
ca. 12 Trockenpflaumen ohne Steine (Reformhaus)
2 El Rosinen
1 El Pflaumenmus
2 El Pinienkerne (Reformhaus)

Trockenpflaumen kleinschneiden und zusammen mit den Rosinen einige Stunden in kaltem Wasser einweichen. Flüssigkeit abgießen, Pflaumenmus und Pinienkerne untermischen. Die Masse in die vorbereiteten Äpfel füllen, zubereiten wie Grundrezept.

Quark-Sanddorn-Füllung:
80 g Quark (20%)
2 Eigelb
etwas Naturvanille (Reformhaus)
2-3 El Sanddorn mit Honig (Reformhaus)

Die Zutaten miteinander verrühren und in die Äpfel füllen. Zubereiten wie Grundrezept.

Quark-Preiselbeer-Füllung:
80 g Quark (20%)
2 Eigelb
2-3 El Preiselbeerkonfitüre (Reformhaus)
1-2 El Mandelsplitter

Alle Zutaten miteinander verrühren und in die vorbereiteten Äpfel füllen. Zubereiten wie Grundrezept.

Pikant gefüllte Bratäpfel

▷

4 große Äpfel
1 kleine oder ½ große Sellerieknolle
1 mittelgroße Zwiebel
etwas Gemüsebrühe-Hefeextrakt (Reformhaus)
4 El flüssige Sahne
Meersalz
Pfeffer aus der Mühle
20 g Butter
2 El gerösteter Sesam
einige Blätter glatte Petersilie

Die Äpfel waschen, das obere Drittel abschneiden und den Rest des Apfels aushöhlen. Sellerieknolle und Zwiebel schälen und würfeln; alles zusammen mit dem Apfelinneren und dem Deckel in wenig Gemüsebrühe etwa 10 bis 15 Minuten garen. Mit Meersalz und Pfeffer abschmecken, kalte Sahne dazugeben und mit dem Pürierstab oder im Mixer pürieren. Das relativ feste Selleriepüree in die ausgehöhlten Äpfel füllen und mit leicht geröstetem Sesam bestreuen. Die Butter zerlaufen lassen, die Äpfel damit einpinseln und nebeneinander in eine Auflaufform setzen. Mit sehr wenig Flüssigkeit angießen und im vorgeheizten Backofen bei 220 Grad etwa 20 Minuten backen. Die Äpfel herausnehmen, mit glatter Petersilie bestreuen.

TIP

Eines der gesündesten und schnellsten Desserts auch in der Vollwertküche ist Obstsalat. Das beliebteste Grundrezept besteht aus einer Mischung von gewürfeltem Apfel, Orange und Banane, oft mit andersfarbigen Früchten abgerundet. Zucker sollte den Eigengeschmack des Obstes nicht überdecken.
Probieren Sie zu besonderen Gelegenheiten auch mal einen exotischen Obstsalat mit frischen Datteln und Feigen. Abwechslung bringen auch einfarbige Obstsalate. Im Hochsommer gibt es eine rote Variante aus den verschiedensten Beeren, roten Pflaumen und Wassermelone.
Verfeinern können Sie die Mischung mit gehackten Nüssen, Mandeln, kleingeschnittenen Trockenfrüchten und Rosinen; eventuell auch mit etwas Honig oder Alkohol (Rum/Cognac). Als Würzmittel eignen sich eine Prise Zimt, ein Hauch Pfeffer oder Vanillepulver.
Als Abrundung dient etwas Orangensaft, eine Joghurtsauce (Joghurt mit etwas Zimt, Zitronensaft und Honig glattrühren), Schlagsahne, ein Tupfer Crème fraîche oder eine Traubensauce (je zur Hälfte leicht geschlagene Sahne mit Wein oder Traubensaft vermischen).
Schließlich ißt auch noch das Auge mit – bieten Sie Obstsalate in Melonenhälften, ausgehöhlten Orangen oder Ananas dar. Für ein Sommerfest werden sie auf frischen, gewaschenen großen Blättern angerichtet (Rhabarberblätter, Blätter von Obstbäumen, Erdbeergrün etc.).

Honigflan

0,2 l Milch (1,5% Fett)
2 El Sahne
3 El Lindenblütenhonig
4 Eier
Vanillepulver
etwas abgeriebene Zitronenschale (ungespritzt)

Milch, Sahne, Honig und Eier verquirlen (jedoch nicht schaumig schlagen). Mit Vanille und Zitronenschale abschmecken. Die Masse in vier ausgefettete feuerfeste Auflaufförmchen (es können auch Tassen verwendet werden) füllen. Im Backofen bei 80 bis 100 Grad eine bis anderthalb Stunden oder im Wasserbad etwa eine Stunde stocken lassen.
Das Dessert kann warm oder kalt gegessen werden.

Zimtparfait

4 Eigelb
2 Eiweiß
80 g Honig
2 Tl Zimt
2 El Cognac
0,2 l Sahne
120 g Trockenpflaumen
0,2 l Rotwein
3 El Honig
100 g gehackte Walnüsse

Die Pflaumen in Rotwein und Honig etwa zwei Tage ziehen lassen, bis sie vollständig weich sind.
Eigelb mit Honig zu einer schaumigen Creme schlagen. Zimt und Cognac zufügen und nochmals einige Minuten schlagen. Sahne und Eiweiß getrennt steif schlagen, vorsichtig unter die Masse heben. Mehrere Stunden einfrieren, bis die Masse halbfest ist.
Parfait in Schälchen verteilen, die Pflaumen darüber anrichten und mit den Walnüssen bestreuen.
Zimtparfait läßt sich statt der Pflaumen auch gut mit Rumtopf-Früchten kombinieren.

Flambierte Obstschale

etwa 600 g Äpfel, Birnen, Bananen, Mandarinen
2 El Butter
3 El Honig
Rum (mindestens 54 %)
0,2 l Sahne

Das Obst putzen und in größere Scheiben schneiden. In der heißen Butter kurz dünsten. Mit dem Honig und etwa 3 El Rum verrühren, kurz ziehen lassen. In eine feuerfeste Form füllen (Keramikschale, Kupferpfännchen o.ä.). Sahne steif schlagen oder flüssig zu Tisch geben.
Obst direkt vor dem Servieren mit einigen Eßlöffeln Rum begießen und anzünden. Es bildet sich eine Karamelschicht. Sobald das Obst nicht mehr brennt, verteilen.

Apfelschaum

△

600 g Äpfel, ½ Tl Zimt
Saft von einer Zitrone
0,125 l Sahne oder 2 geschlagene Eiweiß
1 Tl Kakaopulver

Aus den Äpfeln Apfelmus herstellen (Äpfel schälen, vierteln und in sehr wenig Wasser mit Zitronensaft dünsten, dann durch ein Haarsieb drücken).

Abkühlen lassen. Apfelmus mit Zimt und Zitrone abschmekken. Die geschlagene Sahne (oder Eischnee) unterziehen. Mit Kakaopulver bestäuben.

Kleines Begriffslexikon

Agar Agar: pflanzliches Geliermittel aus Meeralgen, in Form von weißem Pulver erhältlich; geschmacksneutral

Ahornsirup: eingedickter Saft von Ahornbäumen, Süßungsmittel

Ausmahlgrad: Typenabstufung bei Roggen- und Weizenmehl – je höher die Typenzahl, desto wertvollere Inhaltsstoffe enthält das Mehl

Auszugsmehl: besonders fein ausgemahlenes Mehl, das ohne Keim und Randschichten gemahlen wurde (zum Beispiel Weizenmehl Type 405), enthält fast keine Nähr- und Ballaststoffe mehr

Backferment: ein auf der Basis von Honig und Getreide hergestelltes Backtreibmittel, wird zum Brotbacken verwendet; als trockenes Pulver in Reformhäusern und Naturkostläden erhältlich

Ballaststoffe: unverdauliche pflanzliche Stoffe, die durch Vergrößerung des Nahrungsvolumens die Darmtätigkeit anregen (zum Beispiel Kleie, Schalen von Obst)

Biobin: pflanzliches Bindemittel aus Johannisbrotkernmehl, das kalt unter Cremes und süße Füllungen gerührt werden kann

Carob: gemahlene und getrocknete Frucht des Johannisbrotbaums, wird wie Kakaopulver verwendet

Darren: Trocknen von feuchtem Getreide bei etwa 70 Grad

Flocken: ungeschälte, gedämpfte, gequetschte und getrocknete Getreidekörner als Zusatz für Brotteige, Kuchenbeläge, Streusel

Grieß: grob gemahlener Weizen, Mais, Hafer oder Grünkern

Kleie: Schalen des Getreidekorns, werden als Ballaststoffe dem Gebäck zugesetzt oder darübergestreut

Mineralstoffe: für Wachstum und Stoffwechsel wichtige Stoffe – Mengenelemente (Natrium, Kalzium, Kalium, Phosphor, Magnesium, Schwefel, Chlor) und Spurenelemente (Eisen, Jod, Brom, Kupfer, Fluor, Zink, Silizium, Molybdän, Mangan, Kobalt, Arsen)

Mutterkorn: giftiger, dunkler Pilzbefall am Getreide, der wie ein vergrößertes Getreidekorn aussieht und hauptsächlich in Roggen vorkommt (gelegentlich auch in Weizen und Gerste)

Schrot: grob gemahlenes Getreide, ist in unterschiedlichen Abstufungen erhältlich bzw. kann unterschiedlich fein gemahlen werden; hauptsächlich für Brote und Brötchen

Rezeptregister

F

G

H

I

J

P

Q

R

S

T

U

V

W

Z

BILDNACHWEIS

Für die freundliche Überlassung der Dias danken wir im einzelnen den folgenden Firmen (in alphabetischer Reihenfolge):

Butaris Markenschutzverband e.V., c.o. Zenit Kommunikation GmbH, Hamburg, für die Seite 61.

hawo's Kornmühlen GmbH, Otzberg-Lengefeld, für die Seite 14.

Komplett Büro, München, für die Seiten: 37, 85, 95, 115, 211.

Küchle GmbH, Günzburg, für die Seiten: 169, 177, 183, 197.

neuform-Kochstudio, Mainz, für die Seiten: 31, 39, 41, 45, 47, 49, 53, 55, 57, 59, 63, 65, 67, 71, 73, 75, 77, 79, 83, 87, 93, 101, 103, 105, 107, 119, 131, 133, 135, 137, 141, 143, 145, 153, 157, 163, 171, 181, 185, 189, 191, 199, 201, 203, 205, 207, 209, 213, 215, 217, 219, 221, 225, 227, 229, 231.

Natreen, Infoservice, Düsseldorf, für die Seiten: 51, 81, 89, 109, 111, 117, 127, 129, 139, 149, 151, 155, 159, 161, 165, 173, 175, 179, 187, 193, 195.

Schwartauer Werke GmbH & Co., Bad Schwartau, für die Seiten: 97, 99, 147, 167, 211, 223.

Union Deutsche Lebensmittelwerke GmbH, Hamburg, für die Seiten: 35, 69, 91, 113, 125.

USA Sonnenblumenkerne, für die Seite 123.

Umschlagrückseite:

links oben: neuform-Kochstudio, Mainz
rechts oben: neuform Kochstudio, Mainz
links unten: Natreen Infoservice, Düsseldorf
rechts unten: neuform-Kochstudio, Mainz